Impressum

Die Deutsche Bibliothek ·
CIP-Einheitsaufnahme

Schöne Schlösser, Burgen und
Kirchen
Der Regional-Freizeitführer;
Ausflugsziele im Bergischen
Land von Kurt Schnöring
Bottrop · Essen: Pomp, 1997
ISBN 3-89355-144-1
NE: Kurt Schnöring

Alle Daten und Fakten in
diesem Buch sind mit größter
Sorgfalt recherchiert und
nach dem Stand August 2001
zusammengestellt worden.
Sollten Angaben falsch, über-
holt oder unvollständig sein,
so bedauern Autor und Verlag
das. Für Ergänzungen und
Korrekturen wären wir sehr
dankbar. Verlag und Autor
können weder Gewähr noch
Haftung übernehmen.

Texte: Kurt Schnöring

Fotos: Holger Klaes

Karten:
Computerkartographie
Heike Carrle, München

Konzept: Gregor Spohr

Lithografie:
Repro Wuchert Computer
Publishing GmbH, Bochum

Herstellung:
Druckerei und Verlag
Peter Pomp GmbH, Bottrop

1. Auflage 1997
2. Auflage 1998
3. Auflage 2001

Copyright 1997:
Verlag Peter Pomp,
Bottrop · Essen

Titel: Ehemalige Klosterkirche
Wuppertal-Beyenburg

ISBN 3-89355-144-1

Autoren

Kurt Schnöring
ist Journalist und Buchautor. Er gilt als einer der besten Kenner
seiner Heimatstadt Wuppertal und des Bergischen Landes. Er ist
stellvertretender Leiter des Ressorts Presse und Stadtwerbung im
Wuppertaler Rathaus. Seit über zehn Jahren veröffentlicht er
Bücher zu regionalgeschichtlichen Themen im Verlag Peter Pomp,
zuletzt „Das Bergische Land · Impressionen zwischen Rhein, Ruhr
und Sieg" (1998).

Holger Klaes
ist gebürtiger Wuppertaler und seit 1987 als freiberuflicher Foto-
graf tätig. Seine Fotos wurden in zahlreichen Bildbänden, Kalen-
dern und Zeitschriften veröffentlicht – das Bergische Land ist sein
bevorzugtes Thema.

Schöne Schlösser Burgen und Kirchen

Der
Regional-Freizeitführer
von
Kurt Schnöring
und
Holger Klaes

Inhalt

Vorwort

Das nicht – wie vielfach angenommen – nach der „bergigen" Landschaft, sondern nach den Grafen von Berg benannte Bergische Land ist reich an Schlössern, Burgen, Kirchen und anderen Sehenswürdigkeiten. Zu den bekanntesten Ausflugszielen gehören neben der weltberühmten Wuppertaler Schwebebahn und der faszinierenden Müngstener Brücke das benachbarte Schloss Burg, der Stammsitz der Grafen von Berg, Schloss Homburg im Oberbergischen Kreis – beide alten Gemäuer beherbergen attraktive Heimatmuseen – der gotische Altenberger Dom und im baulichen Kontrast zu diesem architektonisch-historischen Juwel die „neue" Wallfahrtskirche in Niederberg.

Abseits der touristischen Highlights an verkehrsreichen Wegen blühen nicht wenige Kleinode im Verborgenen und warten auf ihre Entdeckung. Schöne Schlösser und Burgen, aber auch stolze Herrenhäuser und stimmungsvolle Kirchen inmitten einer reizvollen Landschaft üben auf den Besucher von nah und fern, gerade wegen der scheinbaren Sachlichkeit unseres modernen Lebens, einen anziehenden Zauber aus.

Der vorliegende Freizeitführer informiert über die Geschichte und Architektur, Lage und Besonderheiten von 30 lohnenswerten Ausflugszielen. Auch wenn eine Reihe von historischen Bauten heute privat genutzt werden und den Besuchern in der Regel nicht zugänglich sind, wird auf die Möglichkeit der Besichtigung der Außenanlagen hingewiesen. Über die kurz beschriebenen Ausflugspunkte hinaus wird das für die Leser interessante Umfeld mit einbezogen: alte Städte und Gemeinden mit den noch vorherrschenden, für die bergische Region so typischen Fachwerk- und Schieferhäusern, idyllisch im Einzugsgebiet der Wupper in die Landschaft eingebettete Talsperren und Naturoasen, in denen man stundenlang wandern kann, ohne einem Menschen zu begegnen.

„Ausflugsziele im Bergischen Land" bietet neben wichtigen Informationen einen Serviceteil mit nützlichen Kartenausschnitten und Tipps für die Anfahrt mit dem PKW, Bus und Bahn.

Kurt Schnöring

Altes Schloss wurde zum „Affenfelsen"

„Schlösser auf Bergen, von Wäldern umspannt. Bensberg, die Torburg zum Bergischen Land." Mit diesem Spruch gewann Wilhelm Weber 1935 den ersten Preis in einem vom Bensberger Gemeindeverkehrsverband ausgeschriebenen Schlagzeilenwettbewerb.

Bensberg, seit der kommunalen Neugliederung 1975 ein Teil der Kreisstadt Bergisch Gladbach, ist bis heute die „Torburg zum Bergischen Land". Zwei markante Schlossbauten haben die wechselvolle Geschichte des im 12. Jahrhundert erstmals urkundlich erwähnten Ortes geprägt: das „alte Schloss", dessen mittelalterliche Teile von 1965–1971 in den Rathausneubau integriert

wurden, und das „neue Schloss" aus dem 18. Jahrhundert.

Die alte Burganlage, zuerst in einer Urkunde aus dem Jahr 1103 erwähnt, wurde nach ihrer Zerstörung im 12. Jahrhundert durch Engelbert von Berg wiederaufgebaut und gleichzeitig vergrößert. Im 15. und 16. Jahrhundert erneut erweitert, verlor die Burg nach dem Bau des Neuen Schlosses ihre Bedeutung und verfiel allmählich. 1859 ließ sie Graf Leopold von Spee als Kloster für die Armen Dienstmägde Jesu Christi einrichten. Die nach 1850 entstandenen Bauten wurden 1964 beseitigt, als die Stadt Bensberg ihr neues Rathaus nach Plänen des Baumeisters Gottfried Böhm errichtete. Er hat es verstanden, die mittelalterliche Burganlage harmonisch in den Neubau aus Beton, im Volksmund „Affenfelsen" genannt, einzubeziehen.

Unsere Tipps

- Das Rathaus (Altes Schloss) ist nur während der Öffnungszeiten zugänglich: Montags bis mittwochs 8.00 – 16.00 Uhr, donnerstags 7.00 – 19.00 Uhr, freitags 8.00 – 13.00 Uhr, samstags 10.00 – 12.00 Uhr. Teile des Alten Schlosses können über den Ratskeller (Restaurant) eingesehen werden. Öffnungszeiten: Täglich 11.00 – 15.00 Uhr und 17.00 – 24.00 Uhr.

- Unbedingt sehenswert: Im Bergischen Museum für Bergbau, Handwerk und Gewerbe im „Türmchenhaus", einem der schönsten alten Häuser von Bensberg im Burggraben, werden Exponate zur Geschichte des Bergbaus, des Handwerks und des Gewerbes gezeigt. Glanzstück ist ein alter Schmiedehammer. Regelmäßig bietet das Museum praktische Vorführungen von zwei ortsbezogenen historischen Gewerben, dem Ledergerben und dem Papierschöpfen, an. Auskünfte über Termine unter der Telefonnummer (0 22 04) 5 55 59. Öffnungszeiten: Dienstags bis sonntags 10.00 – 17.00 Uhr.

Wilhelm-Wagener-Platz, 51429 Bergisch Gladbach

Ab Köln Hbf. mit S-Bahn 11 bis Bergisch Gladbach.
Ab Köln Hbf. mit Straßenbahn 1 bis Bensberg.
Ab Bergisch Gladbach S-Bahnhof mit Bus 227 bis Bensberg.

Mit dem Auto: Von Köln über die A 4 Richtung Olpe bis Ausfahrt Bensberg-Frankenforst.

Über Radwege in und um Bensberg informiert die Ortsgruppe des Allgemeinen Deutschen Fahrradclubs (ADFC),

51469 Bergisch Gladbach, Gronauer Waldweg, Tel. (0 22 02) 4 12 55 oder die Tourist-Information Rheinisch-Bergischer Kreis, Schlossstraße 82, 51429 Bergisch Gladbach, Tel. (0 22 04) 5 81 16, Fax (0 22 04) 5 48 17.

Ab Altem Schloss (Rathaus) zum Neuen Schloss an der Schlossstraße.

Goethehaus, Am Markt 3, Tel. 5 14 29 Bergisch Gladbach, Tel. (0 22 04), Tel. 5 40 31/32, Fax (0 22 04) 5 45 00

Wissenswertes

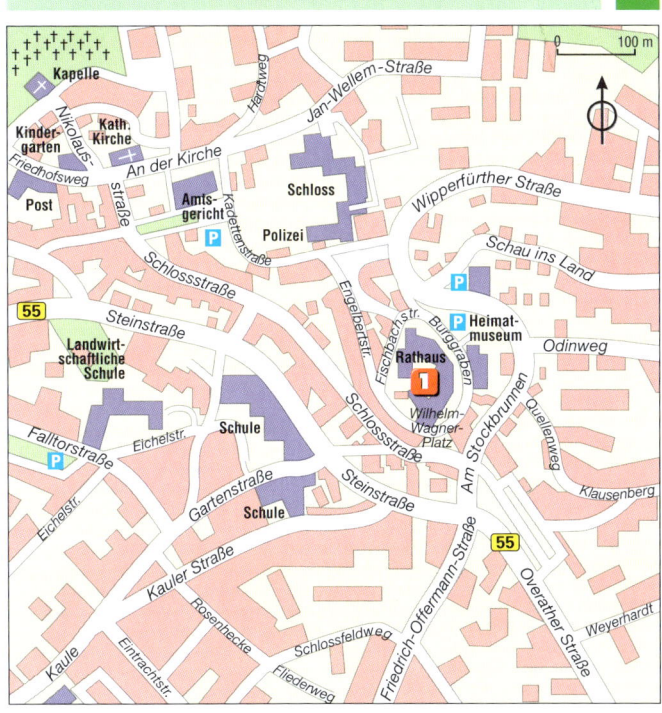

Vom Jagdschloss zum Militärlazarett

Das „Neue Schloss" gehört zu den großzügigsten Schlossanlagen im Bergischen Land. Das Portal der weitläufigen Anlage mit dreigeschossigem Hauptbau und zwei Seitenflügeln, um 1705 bis 1711 von dem legendären Kurfürsten Jan Wellem durch den Venezianer Graf Matteo Alberti errichtet, stand nach dem Tod des bergischen Landesherrn 1716 lange leer. Von 1793 bis 1796 diente es als Hauptarmeespital für die Truppen des österreichischen Kaisers. Danach folgten die Franzosen, die das Spital als Militärlazarett übernahmen. Nach dem Ende der napoleonischen Herrschaft war das Schloss von 1837 bis 1918 preußische Kadettenanstalt. Der Kaiser musste abdanken und die Ka-

detten verließen das Areal. Mit Hitlers Machtübernahme erlebte das Schloss eine freilich fragwürdige „Wiedergeburt". Von 1934 bis zum bitteren Ende war Jan Wellems Jagdschloss eine nationalsozialistische Eliteschule, kurz „Napola" (Nationalpolitische Erziehungsanstalt) genannt. Nach Kriegsende erlebte Schloss Bensberg verschiedene alliierte Einquartierungen, bis es schließlich als belgisches Internat einem zivilen Zweck zugeführt wurde.

Nach dem Abzug der Belgier hat der Landtag von Nordrhein-Westfalen 1997 beschlossen, das Schloss an einen Versicherungskonzern zu verkaufen. Der Haupttrakt soll ein Luxushotel mit 60 Betten beherbergen. Ein Seitenflügel ist für „Betreutes Wohnen" vorgesehen. Am Rand des Parks, der künftig öffentlich zugänglich sein soll, entsteht ein Neubau mit 150 Eigentumswohnungen.

Unsere Tipps

- Kein Besuch des Schlosses, nur Außenbesichtigung der imposanten Anlage möglich. Zu sehen ist aber im Hauptgebäude des Bergischen Museums für Bergbau, Handwerk und Gewerbe im Burggraben, unweit des Schlosskomplexes, eine Dokumentation über die höfische Baukunst am Beispiel des Neuen Schlosses. Ergänzt wird diese Dokumentation durch die Präsentation der Formen des ländlichen Bauens und Wohnens mit Darstellungen der Bergischen Fachwerktechnik und des Lebens und Arbeitens im Fachwerkhaus. Öffnungszeiten des Museums: Dienstags bis sonntags 10.00 – 17.00 Uhr.

- Wer sich fit trimmen möchte, sollte den Weg zur Saaler Mühle in Bensberg finden. Das städtische Hallenbad ist bis auf montags jeden Tag geöffnet. Samstags 7.00 – 19.00 Uhr, sonntags 8.00 – 18.00 Uhr, während der Freibadsaison nur 8.00 – 13.00 Uhr. Die Öffnungszeiten der Eissporthalle in der unmittelbaren Nachbarschaft können telefonisch unter (0 22 04) 6 47 48 erfragt werden.

Schlossallee, 51429 Bergisch Gladbach

Ab Köln Hbf. mit S-Bahn 11 bis Bergisch Gladbach.
Ab Köln Hbf. mit Straßenbahn 1 bis Bensberg.
Ab Bergisch Gladbach S-Bahnhof mit Bus 227 bis Bensberg.
Mit dem Auto: Von Köln über die A 4 Richtung Olpe bis
Ausfahrt Bensberg-Frankenforst.

Der Rhein.-Berg. Kreis m. d. Kreisstadt Berg. Glad. und dem
Ortsteil verfügt über ein ausgedehntes Netz von Radwegen.

Ab Neuen Schloss zum Alten Schloss (Rathaus).

Café Kroppenberg, Schlossstraße 66, 51429 Bergisch Gladbach,
Tel. (0 22 04) 9 49 30, Fax (0 22 04) 91 93 10. Mo – Sa
6.30 – 18.30 Uhr.
Schloss-Café, Schlossstraße 22, 51429 Bergisch Gladbach,
Tel. (0 22 04) 5 22 27. Mo – Fr 7.45 – 18 Uhr, Sa 7 – 18 Uhr,
So 13.30 – 18 Uhr.

Im Stadtgebiet v. Berg. Gladb. stehen den Gästen 25 Hotels
u. Gasthöfe zur Verfügung. Hotelverzeichnis u. direkte Zim-
mervermittlung: Tourist-Info., Schlossstraße 82, 51429 Berg.
Gladb., Tel. (0 22 04) 5 81 16, Fax (0 22 04) 5 48 17.

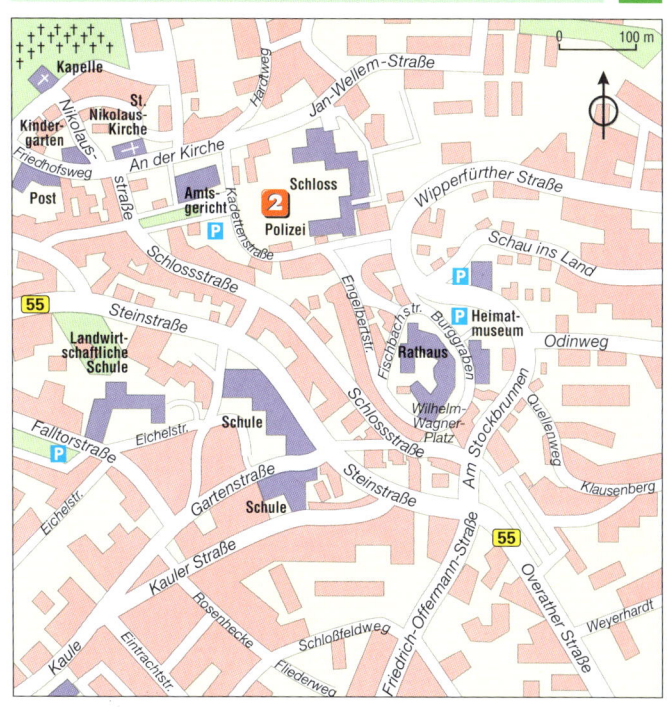

13

Prächtiger Adelssitz und Damenstift

Ehreshoven bei Engelskirchen ist ein liebevoll restauriertes Wasserschloss, und doch kennen es nur wenige. Das reizvolle Gemäuer im Aggertal unweit der Bundesstraße 55 liegt so versteckt, dass selbst entdeckungsfreudige Besucher es übersehen. Schloss Ehreshoven, ursprünglich Lehen der Abtei Siegburg, ging in der zweiten Hälfte des 14. Jahrhunderts in den Besitz der Grafen von Nesselrode über, die es bis 1920 als Herrensitz nutzten. Die letzte Erbin stiftete das Schloss damals dem Rheinischen Ritteradel.

Die zweiteilige wasserumwehrte Barockanlage wurde Ende des 17. Jahrhunderts für Philipp Wilhelm von Nesselrode errichtet und gilt als der prächtigste Adelssitz des Oberbergischen Landes. Das Schloss erhebt sich auf einem hohen Souterrainsockel. Auf der Rückseite des Haupttraktes steht noch ein Teil der spätgotischen Vorgängerburg, die im 17. Jahrhundert in den Neubau miteinbezogen wurde.

Das verträumte Schloss mit der von Gräben umgebenen Vorburg ist durch eine gemauerte Brücke und ein repräsentatives Portal, dessen schmiedeeisernes Geländer viel Beachtung findet, verbunden.

Zu der repräsentativen Schlossanlage gehört ein gepflegter französischer Barockgarten aus dem 18. Jahrhundert mit einem offenen Gartenhäuschen, einem schönen Orangeriegebäude und einigen kunstvollen Toren.

In der Abgeschiedenheit von Schloss Ehreshoven, seit Jahrzehnten ein exklusives Damenstift, verbringen adelige Damen liebevoll umsorgt ihren Lebensabend.

Unsere Tipps

- Von der B 55 führt eine prächtige Allee zu dem Schloss, das ebenso wie der herrliche Schlosspark nur von außen besichtigt werden kann. Nähere Auskünfte: Stiftsverwaltung Schloss Ehreshovon, Tel. (0 22 63) 23 71.

- Die Gemeinde Engelskirchen verfügt neben Schloss Ehreshoven über drei weitere ehemalige Herrensitze, deren Außenbesichtigung jederzeit möglich ist: Haus Ley, ein westlich des Ortsteils Ründeroth am Südufer der Agger gelegenes Gut mit Herrensitz, errichtet Ende des 17. Jahrhunderts.

- Haus Alsbach, Wasseranlage, zweigeschossiges verputztes Wohnhaus, ebenfalls im 17. Jahrhundert entstanden. Von der alten Vorburg ist die Umgebungsmauer und das Haupttor von 1617 erhalten.

- Haus Unterkaltenbach, Burghaus mit Walmdach, aus dem 15. bis 16. Jahrhundert in Imken.

Ehreshoven, 51766 Engelskirchen

🚌 Ab Köln Hbf. mit der Deutschen Bahn bis Engelskirchen.
Ab Engelskirchen Bf. mit Bus 310 in Richtung Overath bis
Ehreshoven.
Mit dem Auto: Von Köln über die A 4 Richtung Olpe bis Ausfahrt
Engelskirchen. Weiter über die B 55 Richtung Overath bis Loope.

🚲 Über Radwege i. Gebiet v.n Engelskirchen informiert d. Ge-
meindeverw., 51766 Engelskirchen, Tel. (0 22 63) 8 31 37.

🚶 Die Gemeinde Engelskirchen verfügt über ein Wanderwegenetz von über 110 km. Während der Sommerferien bietet
das Verkehrsamt regelmäßig Waldwanderungen an.

☞ Empfehlenswert: Rundwanderweg vom Hotel Lenz im Ortsteil
Loope mit dem Wegzeichen A 2 über Wegekreuz, Holzalm,
Hölzer Kopf zum Ausgangspunkt zurück. Weglänge: 6,6 km.

✕ Café Schlossrestaurant, Ehreshoven, 51766 Engelskirchen-
Loope, Tel.(0 22 63) 22 04. Ruhetage: Dienstags und mittwochs.
Do – Mo 12.30 – 14 Uhr u. 18 – 22 Uhr.

🛏 Hotel Karl Lenz, Staadter Weg 2, 51766 Engelskirchen-
Loope, Tel. (0 22 63) 2104, Fax (0 22 63) 4 74 54.

Wissenswertes

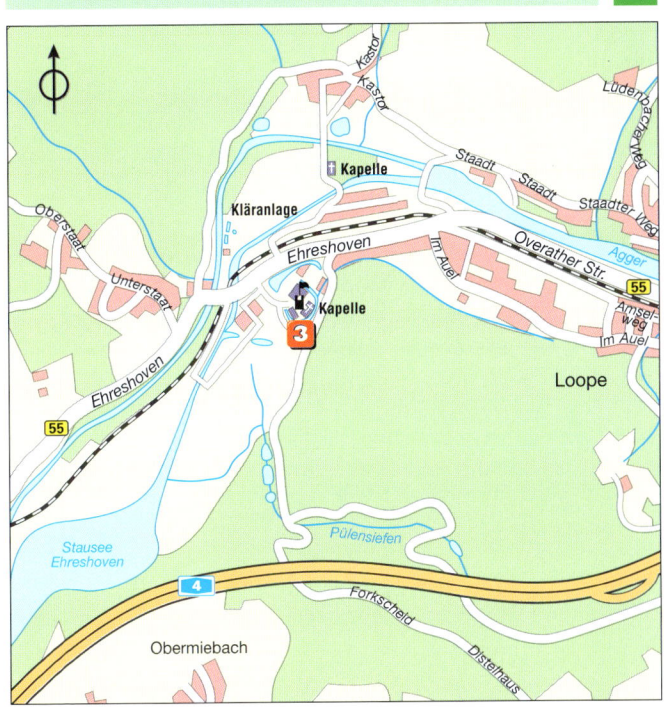

Kleine Wasserburg glänzt mit Natur pur

Die idyllisch gelegene Wasserburg Haus Unterbach im Ortsteil Unterfeldhaus der Stadt Erkrath unweit von Düsseldorf ist ein Beispiel für das Geschick mittelalterlicher Bauleute, mit dem sie die Anlage eines Landsitzes den örtlichen Gegebenheiten anzupassen verstanden.

Wer die kleine Wasserburg aus der Ferne sieht, meint auf den ersten Blick, dass Haus Unterbach nicht von Menschenhand, sondern von der Natur geschaffen worden ist. So eng verwachsen ist die Anlage mit der sie umgebenden Landschaft.

Über die Entstehung der Burg ist nur wenig bekannt. Es wird angenommen, dass Haus Unterbach eine Ansiedlung aus karolingischer Zeit ist. Die erste urkundliche Erwähnung erfolgte 1169 mit Herimann de Unterbeke. Wahrscheinlich im 12. und 13. Jahrhundert ist die viereckige Anlage mit wehrhaften Türmen und Schießscharten versehen worden. Die eindrucksvolle Parkanlage verdanken die Besitzer dem bekannten Gartenarchitekten Maximilian von Weyhe. Der herrliche Park mit Wassergräben, Teich und uralten Bäumen lädt zum Verweilen ein.

Haus Unterbach befindet sich im Privatbesitz und ist das Zentrum eines ausgedehnten landwirtschaftlichen Betriebes.

Unsere Tipps

- Die Anlage befindet sich im Privatbesitz. Außenbesichtigung von der Straße aus möglich.

- Ein weiterer Herrensitz ist Haus Brück, Kirchstraße 60, direkt unter der Brücke der A 3. Die Geschichte der Wasserburg, die heute noch an zwei Seiten von Wasser umgeben ist, lässt sich bis 1640 zurückverfolgen. Wahrscheinlich stammt die Anlage im Kern bereits aus dem 13. Jahrhundert. Heute birgt das Herrenhaus Privatwohnungen und Ateliers.

- Das teilweise zu Erkrath gehörende, östlich vom Stadtzentrum gelegene Neandertal verdankt seinen Namen dem Düsseldorfer Kirchenlieddichter Joachim Neander. Hauptattraktionen sind neben dem neuen Neanderthal-Museum (siehe 13 Mettmann) das 23 Hektar große Wildgehege, das Auerochsen, Wisente und Tarpane beherbergt.

- Nicht weit von Unterfeldhaus entfernt lockt am Stadtrand der Unterbacher See, eine beliebte Erholungsstätte auch der benachbarten Landeshauptstadt Düsseldorf. Während der Freibadesaison sind zwei Strandbäder am Nord- und Südufer geöffnet. Auch Segelsportler sind am See willkommen.

Gerresheimer Landstraße 63, 40699 Erkrath-Unterfeldhaus

🚌 Ab Düsseldorf Hbf. bzw. Wuppertal Hbf. mit S-Bahn 8 bis Erkrath. Ab Erkrath, Busbahnhof, mit Bus 735 und 740 nach Unterfeldhaus.

Mit dem Auto: Von Düsseldorf bzw. Wuppertal über die A 46 bis Ausfahrt Erkrath-Unterbach. Weiter in Richtung Erkrath Gerresheimer Landstraße/Erkrather Straße.

Von Oberhausen bzw. Köln über die A 3 bis Ausfahrt Düsseldorf/Mettmann. Weiter in Richtung Erkrath.

🚲 Über Radwege informieren die Stadtverwaltung, Hauptamt, Bahnstraße 16, 40699 Erkrath, Tel. (0211) 2407220, Fax (0211) 2407295 und der Allgemeine Deutsche Fahrradclub, Elwin Stach, Curtiusstraße 12, 40699 Erkrath, Tel. (02104) 44292.

🚶 Auskünfte über Wanderungen, vor allem durch das Neandertal und rund um den Unterbacher See, durch die Stadtverwaltung, Bahnstraße 16, 40699 Erkrath.

✕ Gaststätte Hubertus, Neuenhausplatz, 40699 Erkrath-Unterfeldhaus, Tel. (0211) 252530. Tgl. 11–14.30 Uhr u. 17–0.30 Uhr.

🛏 Hotel Weber, Neuenhausplatz, 40699 Erkrath-Unterfeldhaus, Tel. (0211) 920070, Fax (0211) 9200799.

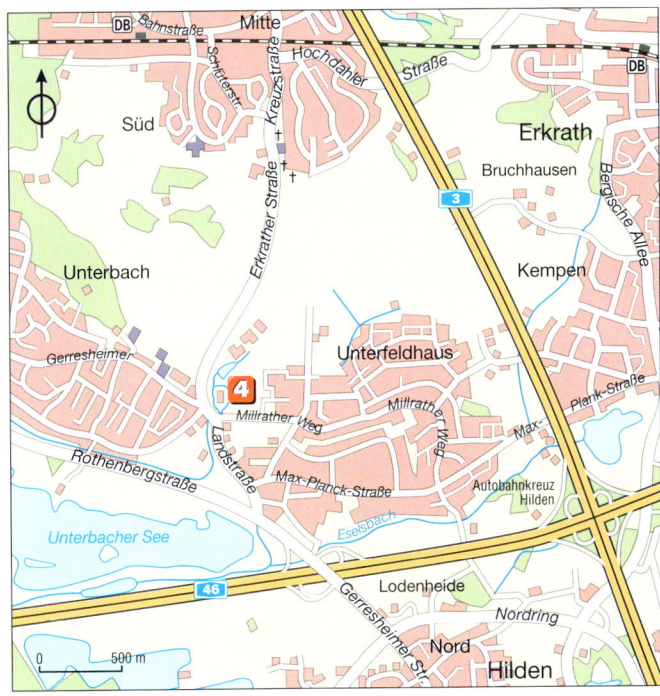

Die Zehn Gebote in bunten Farben

Die „Bunte Kerke" in Gummersbach-Lieberhausen, eine kleine spätromanische Pfeilerbasilika mit breitem Mittelschiff, verdankt ihren Namen den einzigartigen Wand- und Deckenmalereien im Inneren. Die Ausmalung der außen weiß gestrichenen Kirche, 1174 zuerst erwähnt, begann im 15. Jahrhundert. Der Wandgemäldezyklus wurde häufig ergänzt und Mitte des 19. Jahrhunderts übertüncht. Dann wieder freigelegt, von 1909 bis 1911 restauriert und abermals ergänzt, zuletzt 1954.

An der Ostseite des südlichen Querschiffes hat sich als ältestes Bild eine Kreuzigung erhalten.

Im Chor befinden sich links und rechts neben dem Kanzelaltar Darstellungen zu den Zehn Geboten mit dem dazugehörigen Text in der Übersetzung von Martin Luther. Über dem Kanzelaltar der alten Dorfkirche mit dem mächtigen Westturm erblickt der Besucher einen kleinen Orgelprospekt.

Das ursprünglich katholische Gotteshaus wurde während der Reformation in der zweiten Hälfte des 16. Jahrhunderts evangelisch. Die „Bunte Kerke" bildet übrigens mit den Gotteshäusern in Gummersbach-Wiedenest, Nümbrecht-Marienberghausen und Marienheide-Müllenbach, ebenfalls romanische Pfeilerbasiliken mit mehr oder weniger gut erhaltenen Resten spätgotischer Wandmalereien, eine historische und architektonische Baugruppe.

Unsere Tipps

- Die „Bunte Kerke" ist täglich 9.00 – 19.00 Uhr geöffnet. Wer eine sachkundige Führung wünscht, sollte sich vor seinem Besuch an das evangelische Gemeindeamt wenden: Tel. (0 23 54) 30 31.

- Lieberhausen gehört zu den schönsten Dörfern des Oberbergischen Kreises. Der Ferienort mit seiner landschaftlich reizvollen Umgebung, gut 10 Kilometer von Gummersbach entfernt, ist wiederholt mit Preisen im Wettbewerb „Unser Dorf soll schöner werden" ausgezeichnet worden.

- Unweit von Lieberhausen liegt die Aggertalsperre, die im Sommer alle Möglichkeiten zum Schwimmen, Wassersport, Camping und Wandern bietet. Die Talsperre mit einem Stauinhalt von 19,2 Millionen Kubikmeter, gestaut durch eine Schwergewichtsmauer aus Gussbeton, ist von 1927 bis 1928 als Hochwasserschutz und für die Energieversorgung des Aggertales errichtet worden.

- Romantische Kutschfahrten in und um Gummersbach bietet der Reiterhof Neuhoff, 51643 Gummersbach-Herreshagen, Tel. (0 22 61) 6 24 43, an.

Kirchplatz, 51647 Gummersbach-Lieberhausen

Ab Köln mit der Deutschen Bahn bis Gummersbach.
Ab Gummersbach mit Bus 318 bis Lieberhausen.
Mit dem Auto: Von Köln über die A 4 Richtung Olpe bis
Ausfahrt Gummersbach/Derschlag. Über A 45 Sauerland-
linie Dortmund – Frankfurt bis Ausfahrt Meinerzhagen.
An beiden Ausfahrten Hinweisschilder beachten!

Radsport wird in Gummersbach groß geschrieben im Rad-
fahrverein „Aggerperle", aber auch außerhalb des Klubs.
Über Radtouren informiert das Verkehrsamt Gummersbach,
Rathausplatz 1, 51643 Gummersbach, Tel. (0 22 61)
8 75 58, Fax (0 22 61) 8 76 00.

Innerhalb des Stadtgebietes von Gummersbach gibt es ein
gekennzeichnetes Wanderwegnetz von etwa 300 km Länge.

Landgasthof Reinhold, Kirchplatz 2, 51647 Gummersbach-
Lieberhausen, Tel. (0 23 54) 52 73, Ruhetag: Donnerstags,
Fr – Mi ab 10 Uhr.

Akzent-Hotel Landgasthof Reinhold, Kirchplatz 2, 51647
Gummersbach-Lieberhausen, Tel. (0 23 54) 52 73, Fax
(0 23 54) 58 73.

Wissenswertes

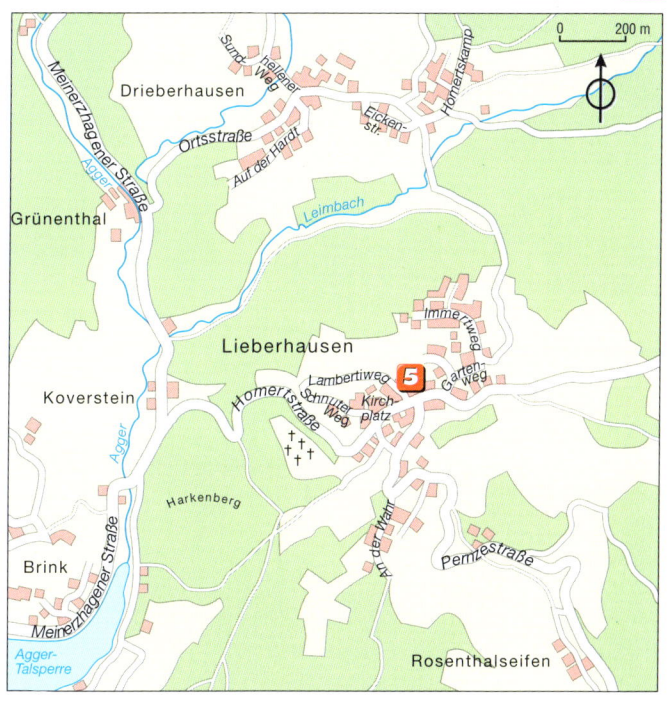

Rathaus und Schlossmuseum

Das Schloss Hückeswagen erinnert an das gleichnamige Grafengeschlecht, das die schon 1138 bezeugte Burganlage errichtete. Bereits 1189 ging Hückeswagen in den Besitz der Grafen von Berg über. Gräfin Margaretha von Berg, Schwester des Kölner Erzbischofs Konrad von Hochstaden, bewohnte zunächst die Burg.

Ab 1409 mußte das Schloss durch Verschuldung verpfändet werden und war im Laufe der Zeit dem Verfall preisgegeben. Bis 1806 war die wehrhafte Anlage Sitz eines bergischen Amtmannes. Erst Mitte des 19. Jahrhunderts erwarb ein einheimischer Fabrikant das Schloss und ließ es restaurieren.

Der im Kern mittelalterliche Schlosskomplex wurde später wiederholt erneuert. Erst in den vergangenen Jahren konnte der geräumige Schlossplatz mit den alten Mauerwällen nach Plänen aus dem Jahr 1807 rekonstruiert werden.

Das 1882 von der Stadtverwaltung erworbene Schloss beherbergt heute das Rathaus der 900 Jahre alten Stadt Hückeswagen mit ihrem unter Denkmalschutz stehenden historischen Ortskern sowie das Heimatmuseum.

Das 1963 im ehemaligen unteren Palais eröffnete Museum präsentiert einen guten Querschnitt durch die Bergische Kultur. Ob komplett eingerichtete Küferwerkstatt, Bergische Möbel oder die exquisite Sammlung von Dröppelminas, wie die traditionelle Kaffeekanne aus Zinn genannt wird, aus verschiedenen Epochen – das Heimatmuseum ist allemal einen Besuch wert.

Unsere Tipps

- Das Heimatmuseum im Schloss ist mittwochs 15.00 – 17.00 Uhr, sonntags 10.00 – 12.00 Uhr geöffnet. Gruppen wird eine Voranmeldung empfohlen: Tel. (0 21 92) 8 80. Eine Außenbesichtigung der Schlossanlage mit Rathaus und Museum ist jederzeit möglich.

- Die Altstadt mit den typischen verschieferten Fachwerkhäusern steht unter Denkmalschutz. Insgesamt 130 Häuser sind in einer entsprechenden Liste erfasst. Besonders die zur evangelischen Pauluskirche mit dem hübschen Zwiebelturm aus dem 18. Jahrhundert und zum Schloss führende Marktstraße besitzt reizvolle Bürgerhäuser aus dem 17. Jahrhundert.

- „Treffpunkt Hückeswagen" nennt sich das traditionelle Altstadtfest mit dem „Aaltrüüschler-Trödelmarkt" jeweils im September, das jedes Jahr rund 50 000 Besucher anlockt. Die Termine teilt auf Anfrage das städtische Verkehrsamt mit.

Auf'm Schloss, 42499 Hückeswagen
Ab Düsseldorf Hbf. mit der S-Bahn 7 bis Solingen-Ohligs.
Ab Solingen-Ohligs über Remscheid Hbf. bzw. ab Wuppertal Hbf. mit der Deutschen Bahn RB 67 bis Remscheid-Lennep.

Ab Remscheid-Lennep Bf. mit dem Bus 336 bis Hückeswagen.

Mit dem Auto: Über die A 1 von Köln bzw. Dortmund bis Ausfahrt Remscheid. Weiter über die B 51 bis Bergisch Born, über die B 237 bis Hückeswagen.

Über empfehlenswerte Radtouren in und um Hückeswagen informiert die Stadtverwaltung im Rathaus, Auf'm Schloss, 42499 Hückeswagen, Tel. (0 21 92) 8 81 12, Fax 8 81 09.

Wanderkarten gibt es im örtlichen Buch- und Zeitschriften-handel.

Zum Justhof, Weierbachstraße 4, 42499 Hückeswagen, Tel. (0 21 92) 15 55. Ruhetag: Montags, Di ab 17 Uhr, Mi – So 10 – 14 Uhr und ab 17 Uhr.

Hotel zur Post, Peterstraße 2, 42499 Hückeswagen, Tel. (0 21 92) 10 50, Fax (0 21 92) 10 74.

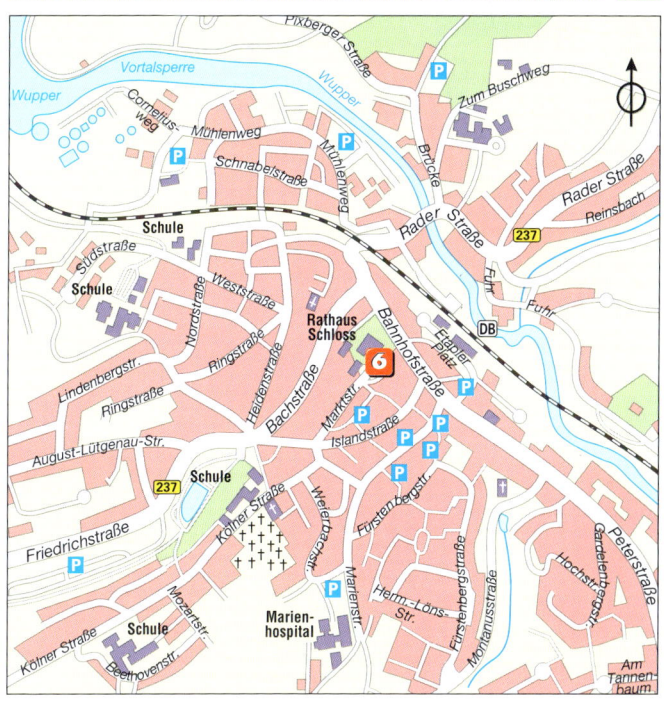

Geplündert und wiederaufgebaut

Kaum eine zweite Burg im Bergischen Land hat eine so wildbewegte Vergangenheit hinter sich wie die mittelalterliche Burg Haus Vorst bei Leichlingen, auf einem Hügel an der Wupper gelegen. 1297 erstmals urkundlich als Hof erwähnt, erlebte der im Kern aus dem 14./15. Jahrhundert stammende Burgbau sowohl Zeiten des Glanzes wie auch der Not und Zerstörung.

Im 16. Jahrhundert wurde Vorst in Folge der Glaubenskriege im Rheinland durch spanische Truppen eingenommen und geplündert. 1643 besetzten kaiserliche Truppen unter Oberstleutnant von Plettenberg den Herrensitz. 1702 plünderten französische Soldaten erneut den Burgbau, der 1795 ebenfalls von Franzosen niedergebrannt wurde. Von 1832 bis 1834 erfolgte nach Abriss der Ruinen der Wiederaufbau im neugotischen Stil.

1984 übernahm Peter Albanus, der heutige Besitzer, Haus Vorst von dem Maler Werner Peiner (1897–1984). Der Künstler war 1948 auf die Anhöhe gezogen und hatte die Burg nach alten Vorlagen sorgfältig restauriert. Von der spätmittelalterlichen Bruchsteinanlage sind noch das Portal mit dem Torwächterhaus sowie der Bergfried zu sehen, der 1986 saniert wurde.

Das zweigeschossige Herrenhaus mit dem runden Treppenturm, das von außen besichtigt werden kann, ist das Ziel vieler Wanderer und Spaziergänger.

Unsere Tipps

- Der gegenüber dem Ortsteil Balken am jenseitigen Wupperufer auf einer Anhöhe gelegene ehemalige Rittersitz kann von außen jederzeit besichtigt werden. Eine Innenbesichtigung ist während der mehrmals jährlich stattfindenden Kunstausstellungen des Vereins Kunst und Kultur auf Schloss Vorst oder auf telefonische Anfrage möglich: Tel. (0 21 75) 7 11 26.

- Über die Grenzen des Bergischen Landes hinaus erfreut sich der alljährlich an vier Tagen um das erste Oktoberwochenende abgehaltene Leichlinger Obstmarkt großer Beliebtheit. Über die Termine des Marktspektakels in der Balker Aue (Sportzentrum) informiert der Verkehrs- und Verschönerungsverein mit Sitz im Rathaus, 42799 Leichlingen, Tel. (0 21 75) 99 20 oder 99 21 13.

- Lohnenswert ist ein Abstecher zum Waldquellenbad Diepental, geöffnet vom 16. Mai bis zum 15. September jeden Jahres. Die Anlage ist telefonisch unter der Nummer (0 21 71) 3 13 03 zu erreichen.

Vorster Weg, 42799 Leichlingen

Ab Köln Hbf. bzw. Hamm (Westf.) über Dortmund, Hagen, Wuppertal, Solingen-Ohligs mit der Deutschen Bahn RB 62 bis Leichlingen.

Ab Leichlingen Bf. mit dem Bus bis zum Ortsteil Balken.

Mit dem Auto: Von Dortmund bzw. Köln über die A 1 bis Ausfahrt Burscheid. Weiter über Burscheid bis Leichlingen-Balken.

Von Oberhausen bzw. Köln über die A 3 bis Ausfahrt Opladen. Weiter bis Langenfeld-Balken.

Es bestehen hervorragende Möglichkeiten für Radler im Einzugsbereich der Wupper und in dem zu Leichlingen gehörenden Höhendorf Witzhelden.

Von dem Wanderparkplatz in Leichlingen-Mitte: der mit einem Dreieck gekennzeichnete „Blütenweg" (5,1 km)

Hotel-Restaurant Brückenkopf, Balken 18, 42799 Leichlingen, Tel. (0 21 75) 72 01 34. Kein Ruhetag.

Hotel Lindenhof, Brückenstraße 9, 42799 Leichlingen, Tel. (0 21 75) 43 08, Fax 63 25.

Wissenswertes

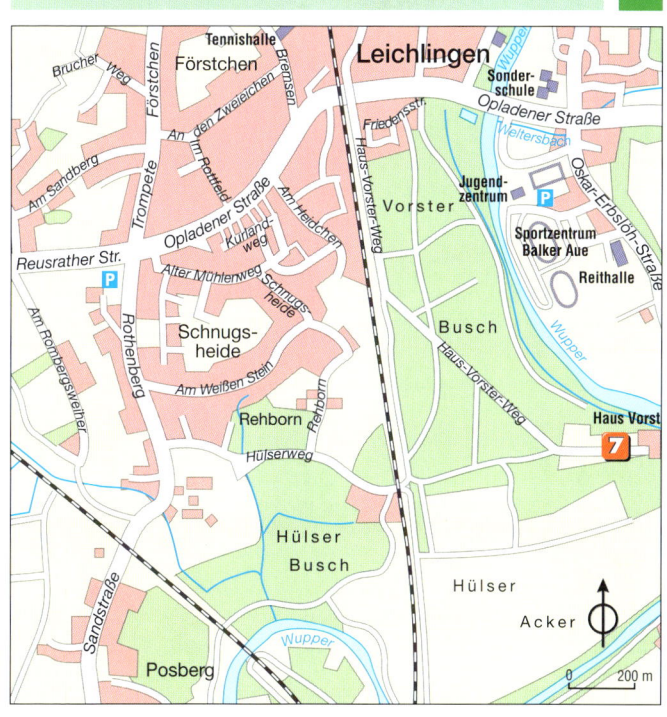

Heimstatt der modernen Kunst

Die Blütezeit von Schloss Morsbroich begann nicht etwa 1774, als der prächtige adlige Landsitz im Rokokostil errichtet wurde, sondern erst nach dem Zweiten Weltkrieg. 1948 pachtete die Stadt Leverkusen das ramponierte Schloss im Ortsteil Alkenrath – eher der Not der damaligen Nachkriegszeit als Zukunftsträumen gehorchend. Zunächst war die Unterbringung eines Krankenhauses bzw. eines Alten- oder Kinderheimes vorgesehen. Doch zum Glück für die kunstbeflissenen Leverkusener wurde das sanierungsbedürftige Haus 1951 in ein städtisches Kunstmuseum „umfunktioniert". Das Museum für zeitgenössische Kunst hat inzwischen durch seine Auseinandersetzung mit der Kunst der Gegenwart Maßstäbe für das kulturelle Leben in ganz Nordrhein-Westfalen gesetzt. Es fand und findet in der Kunstwelt Anerkennung durch seine bedeutenden Wechselausstellungen und den beachtlichen eigenen Kunstbesitz. Die Sammlung Morsbroich umfasst heute rund 300 Werke der Malerei und der Plastik sowie etwa 2300 Arbeiten auf Papier. Der Schlosspark präsentiert sich als Freilichtmuseum mit Plastiken und anderen Kunstwerken bekannter Künstler aus dem In- und Ausland inmitten eines alten Baumbestandes.

Das seit 1220 nachweisbare Rittergut Morsbroich war 1619 in den Besitz des Deutschen Ritterordens übergegangen. Von 1856 bis 1950 befand sich die neue Schlossanlage aus dem 18. Jahrhundert, die von 1885 bis 1887 erneuert wurde, im Privatbesitz.

Unsere Tipps

- Schloss Morsbroich mit seiner internationalen Sammlung moderner Kunst ist dienstags 11.00 – 21.00 Uhr, mittwochs bis sonntags 11.00 – 17.00 Uhr geöffnet. Montags bleibt das Museum geschlossen. Zehn bis zwölf Mal im Jahr bietet Schloss Morsbroich wechselnde Ausstellungen. Wer nähere Informationen wünscht, kann sich schriftlich oder telefonisch an das Museum wenden: (02 14) 5 00 50 72.

- Eine Besonderheit ist der Japanische Garten an der Kaiser-Wilhelm-Allee im Stadtteil Wiesdorf. Das „fernöstliche Kleinod", wie der Garten von den Medien genannt wird, geht wie das Bayerwerk Leverkusen auf Carl Duisberg zurück, den ersten Generaldirektor des Unternehmens. 1959 wurde der Garten samt der Stauden, Skulpturen und des Teehauses rund 200 Meter verlegt, um für das neue Bayer-Hochhaus Platz zu schaffen. Seit 1991 gibt es neben dem Garten das Bayer-Kommunikationszentrum, in dem sich Besucher über die Arbeit des Chemiekonzerns informieren können.

Wissenswertes

🚌 Gustav-Heinemann-Straße 80, 51377 Leverkusen-Alkenrath
Ab Köln Hbf. bzw. Hamm (Westf.) über Dortmund, Hagen, Wuppertal, Solingen-Ohligs mit der Deutschen Bahn RB 62 bis Leverkusen-Schlebusch.
Ab Köln Hbf. bzw. Düsseldorf Hbf. mit der S-Bahn bis Leverkusen-Mitte.
Ab Leverkusen-Schlebusch mit Bus 202 bis Alkenrath.
Ab Leverkusen-Mitte mit Bus 214 bis Schloss Morsbroich.
Mit dem Auto: Von Köln bzw. Dortmund und Wuppertal über die A 1 bis Ausfahrt Kreuz Leverkusen. Von Köln bzw. Oberhausen über die A 3 bis Kreuz Leverkusen. Über die A 59 von Düsseldorf-Süd bis Kreuz Leverkusen-West. Weiter in Richtung Schlebusch-Alkenrath.

✕ Hotel-Restaurant Schweigert, Moosweg 3, 51377 Leverkusen-Manford, Tel. (0214) 76478. Ruhetag: Samstags, So–Fr 11–14 Uhr und ab 17 Uhr.

🛏 Hotel Schwan (garni), Kalkstraße 11a, 51377 Leverkusen Manford, Tel. (0214) 74078/79, Fax (0214) 79221.

☞ Die beiden genannten Betriebe befinden sich in unmittelbarer Nähe von Schloss Morsbroich.

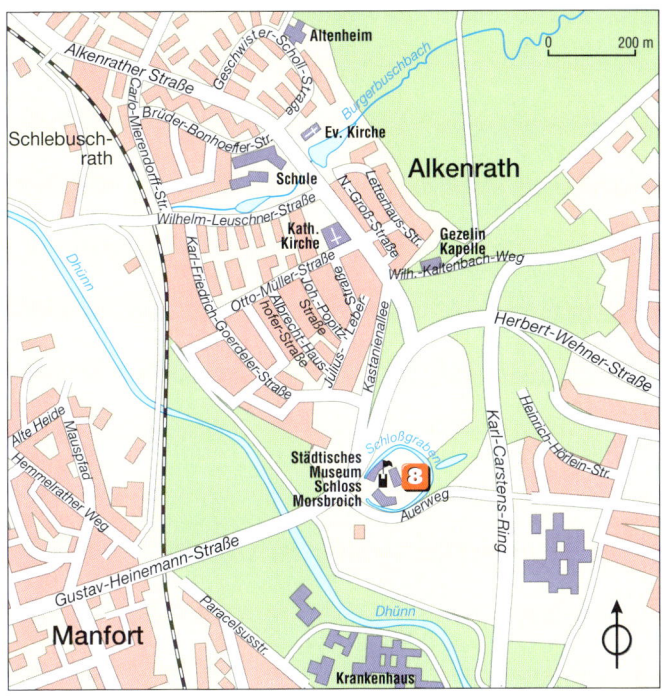

Von Burgen blieben Ruinen

Lindlar kann seine Geschichte bis in das Jahr 1109 zurückverfolgen, als der Ort „Lintlo" zum ersten Mal urkundlich erwähnt wurde. Steinerne Zeugen der wechselvollen Vergangenheit der oberbergischen Gemeinde sind die Burgruinen Eibach und Neuenberg im Ortsteil Scheel.

Von der alten Wasserburg Eibach ist neben Mauerresten nur noch ein mächtiger Rundturm übrig geblieben. Dieser gehörte nach Meinung von Heimatforschern zum Herrenhaus, das im 16. Jahrhundert errichtet wurde. Die ursprüngliche Burganlage, an die sich alte Sagen knüpften, soll dem Schutz des an ihr vorbeiführenden Weges nach Gimborn gedient haben.

Bereits 1352 waren Bewohner der ersten Burg urkundlich erwähnt worden. Seit dem 15. Jahrhundert saßen auf Burg Eibach die Herren von Neuenberg. Nach ihrer Zerstörung wurde die Burg im 17. Jahrhundert wiederaufgebaut. 1782 brannte sie aus – für einen Wiederaufbau machte sich niemand stark. Das vor dem Feuersturm gerettete Inventar konnte 1809 versteigert werden.

Auf dem Berg oberhalb von Haus Eibach erhob sich früher die sagenumwobene Burg Neuenberg, von der heute nur noch bescheidene Reste zu sehen sind – so ein knapp zehn Meter hohes Mauerfragment des ehemaligen Torturms.

Bewohner der Anlage, die erstmals 1433 urkundlich erwähnt wurde, waren über Jahrzehnte die Amtmänner von Neuenberg. Später übernahmen die Grafen von Schwarzenberg die Burg.

Unsere Tipps

- Das Wanderwegenetz in und rund um Lindlar umfasst 200 km. Die beiden abseits gelegenen Burgruinen erreicht man am besten vom Ortsteil Frielingsdorf nach einer gut 10 km langen Wanderung durch eine abwechslungsreiche Landschaft. Der Wandervorschlag „Von Frielingsdorf zu den Burgruinen" kann beim Verkehrsamt Lindlar, Borromäusstraße 1, 51789 Lindlar, Tel. (0 22 66) 9 64 07, angefordert werden.

- Zu Fahrten mit dem Pferdeplanwagen lädt Josef Hungenberg in Lindlar-Voßbruch ein. Der Wagen fasst 14 Fahrgäste. Preise für die Teilnahme und eventuell gewünschte „Bordverpflegung" auf telefonische Anfrage: (0 22 66) 72 10.

- Junge und auch ältere Gäste sind auf dem Bauernhof mit Streicheltieren der Familie Bölling in 51789 Lindlar-Altenrat, Tel. (0 22 66) 72 01, willkommen. Besuchszeiten nach Voranmeldung: Montags bis freitags ab 18.00 Uhr, samstags und sonntags ab 10.00 Uhr.

51789 Lindlar-Scheel

🚆 Ab Köln Hbf. mit der Deutschen Bahn in Richtung Gummersbach bis Engelskirchen. Weiter mit Bus 335 bis Lindlar.

Ab Köln mit Bus 421 und Schnellbus 42 bis Lindlar. Ab Gummersbach mit Bus 316 bis Lindlar.

Mit dem Auto: Von Köln über die A 4 Richtung Olpe bis Ausfahrt Untereschbach, weiter in Richtung Lindlar. Über die A 45 Sauerlandlinie Dortmund – Frankfurt bis Ausfahrt Meinerzhagen. Weiter Richtung Gummersbach, Lindlar.

✗ Gaststätte Zum Dorfkrug, Am Dorn, 51789 Lindlar, Tel. (0 22 66) 86 42. Ruhetag: Mittwochs, Do – Di 10 – 14 Uhr und ab 16 Uhr.

🛏 Hotel-Restaurant Montanushof, Montanusstraße 8, 51789 Lindlar, Tel. (0 22 66) 80 85, Fax (0 22 66) 31 93.

☞ Das jährlich vom Verkehrsamt Lindlar herausgegebene Hotel- und Freizeitjournal enthält ein Hotel- und Gaststättenverzeichnis und das komplette Freizeitangebot des Ferienortes im Naturpark „Bergisches Land".

Wissenswertes

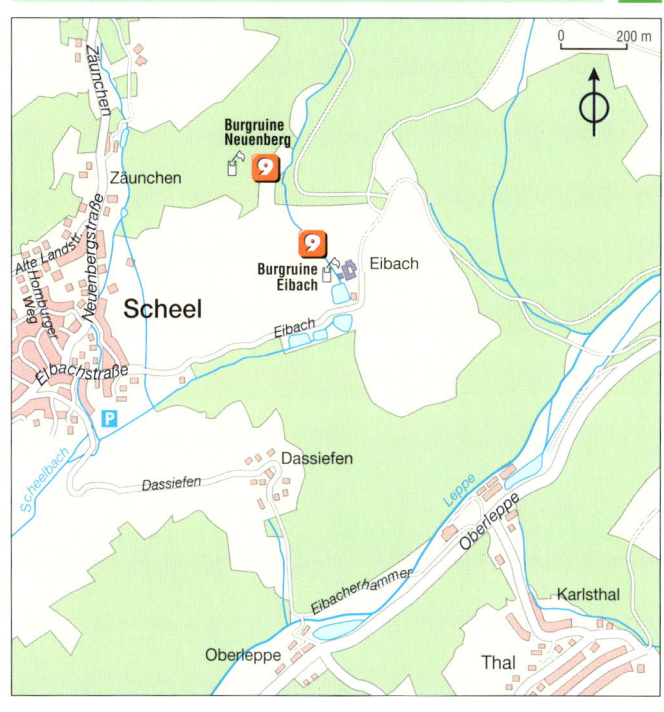

Vom alten Rittersitz zum Hotel-Restaurant

In Schloss Heiligenhoven, wo einst adlige Herren tafelten, können jetzt ganz gewöhnliche Gäste speisen – und auch übernachten. Die weitläufige Wasserschloss-Anlage bei Lindlar, in den Jahren 1758 bis 1760 errichtet und nach einer Brandkatastrophe in den Jahren 1975 bis 1978 originalgetreu wiederaufgebaut, beherbergt heute ein Hotel-Restaurant. Sehenswert sind vor allem das Haupthaus und die zweiflügelige Vorburg mit dem einladenden Torbau.

Mit dem Wiederaufbau wurde die Anlage um einen Restaurationstrakt erweitert und der weiträumige prächtige Schlosspark mit den über 1000 jährigen Eiben neu gestaltet.

Der Bau des ersten Rittersitzes geht bis in das frühe 15. Jahrhundert zurück. Zu dieser Zeit war das Haus im Besitz eines Johann von Eyckelinghoven, der in den Diensten der Stadt Köln war. Das spätere, im 18. Jahrhundert errichtete Wasserschloss wurde 1932 von der Kreissparkasse Wipperfürth erworben, die es anschließend an Hans Brochhagen verkaufte. Doch bis zur endgültigen Umwandlung in ein Hotel-Restaurant, das auch für Seminare und Bildungsveranstaltungen genutzt wird, sollten noch mehrere Jahrzehnte vergehen. Von 1945 bis zu dem bereits erwähnten Brand 1973, der das Anwesen in Schutt und Asche legte, lebten im Schlossbereich mehrere Familien – in voller Abgeschiedenheit und noch nicht ahnend, dass Heiligenhoven einmal ein attraktives Hotel mit gastronomischem Betrieb sein würde.

Unsere Tipps

- Schloss Heiligenhoven, das sich als Familienferienstätte versteht, beherbergt auch ein Restaurant und den Schankraum „Zur alten Wachstube". Außerdem gibt es eine vollautomatische Kegelbahn, eine Sauna und ein rustikales Kaminzimmer mit offenem Kamin. Der Schlosspark mit seinem altem Baumbestand lädt Gäste zu Spaziergängen ein. Direkt am Schlossee liegt ein Grillplatz. Die zum Schloss gehörende Johanneskapelle (17. Jahrhundert) bietet sich z. B. für Hochzeiten, der stilvolle Schlosssaal für Feierlichkeiten aller Art an.

- Angrenzend an den Schlosspark dehnt sich der Freizeitpark Lindlar aus. Für Kinder wurde ein phantasievoller Abenteuerspielplatz angelegt. Weiter sind vorhanden: Minigolfanlage, Hallenbad und Wasserrutsche, Konzertwiese, Fußballplatz, Boccia-Bahn, Tennisplätze, Sporthalle und kleine Seen mit Ruderboot-Verleih.

Wissenswertes

51789 Lindlar-Heiligenhoven

🚆 Ab Köln Hbf. mit der Deutschen Bahn in Richtung Gummersbach bis Engelskirchen. Weiter mit Bus 335 bis Lindlar.
Ab Köln mit Bus 421 und Schnellbus 42 bis Lindlar.
Ab Gummersbach mit Bus 316 bis Lindlar.
Mit dem Auto: Von Köln über die A 4 Richtung Olpe bis Ausfahrt Untereschbach, weiter in Richtung Lindlar. Über die A 45 Sauerlandlinie Dortmund – Frankfurt bis Ausfahrt Meinerzhagen. Weiter Richtung Gummersbach, Lindlar.

🚲 Informationen über Radwege durch Verkehrsamt Lindlar, Borromäusstraße 1, 51789 Lindlar, Tel. (0 22 66) 9 64 07, Fax (0 22 66) 88 67.

🚶 Auskünfte über Wandermöglichkeiten um Schloss Heiligenhoven an der Hotelrezeption.

🍴 Schloss Heiligenhoven. Ein Haus der Stegerwald-Stiftung. 51789 Lindlar-Heiligenhoven, Tel. (0 22 66) 47 89 60, Fax (0 22 66) 90 41 90. Kein Ruhetag.

🛏 wie oben

☞ Die zum Schloss gehörende Johanniskapelle aus dem 17. Jahrhundert liegt ca. 10 Gehminuten entfernt im Wald.

Im Mittelpunkt steht die Muttergottes

In Marienheide hat die Wallfahrt Tradition. Besonders zum Fest Mariä Heimsuchung in der ersten Juliwoche pilgern andächtige Gläubige aus der näheren und weiteren Umgebung zur Muttergottes. Es war Graf Gerhard von der Mark, der anno 1421 Mönche des Dominikanerordens zur Betreuung der Pilger nach Marienheide berief, die schon damals zu einem Gnadenbild der Muttergottes in der Kirche St. Mariä Heimsuchung strömten.

Marienheides Geschichte begann jedoch einige Jahre früher mit einem Eremiten, dem Klausner Henricus. In einer Urkunde von 1417 wird der fromme Mann als „unser lieben Frauen Knecht auf der Mergenheyde" und als Erbauer der Klosterkirche erwähnt. Der Überlieferung zufolge besaß er ein wundertätiges Marienbild, das er zur Verehrung aufstellte.

Die monumentale Kloster- und Wallfahrtskirche aus dem 15. Jahrhundert bildet den wesentlichen Teil der Klosteranlage. Anfang des 16. Jahrhunderts wurde die dreischiffige Hallenkirche durch einen langen, geradeschließenden Mönchschor erweitert. Im Chorhaus und im westlichen Langhausjoch sind dekorative Ausmalungen spätgotischen Ursprungs zu sehen. Das reichgeschnitzte Chorgestühl (Anfang des 10. Jahrhunderts) hat eine barocke farbige Fassung. Sein Stifter kniet im Mönchsgewand vor dem Schmerzensmann. Auch der um 1700 entstandene Hochaltar weist reiches Schnitzwerk auf. Wiederholt sind Kloster und Kirche von Bränden heimgesucht worden. Im Jahr 1717 entstand die Anlage in der heutigen Form.

Unsere Tipps

- Die Kirche kann tagsüber besichtigt werden. Besonders ratsam ist ein Besuch während der alljährlichen Marienwallfahrt in der ersten Juliwoche. Den genauen Termin teilen auf Anfrage die katholische Pfarrgemeinde St. Mariä Heimsuchung, Tel. (0 22 64) 63 31 und die Gemeindeverwaltung im Rathaus, Tel. (0 22 64) 2 20, mit.

- Der Aussichtsturm auf dem Unnenberg mit einer Höhenlage von 506 Metern über dem Meeresspiegel ist die höchste Erhebung im Oberbergischen. Der 22 Meter hohe Turm ermöglicht einen Blick auf die weitere Umgebung, besonders auf das Gebiet der Genkel- und Aggertalsperre im Bereich der benachbarten Kreisstadt Gummersbach. An Tagen mit guter Fernsicht sollen sogar das am Rhein gelegene Siebengebirge und die Spitzen des Kölner Doms zu erkennen sein.

- Der Kurpark „Heilteich" im Ortszentrum lädt zum Verweilen ein.

Klosterstraße 6, 51709 Marienheide

🚌 Ab Köln Hbf. mit der Deutschen Bahn bis Gummersbach. Weiter mit Bus 336 nach Marienheide.
Ab Solingen-Ohligs über Remscheid Hbf. bzw. ab Wuppertal Hbf. mit der Deutschen Bahn RB 67 bis Remscheid-Lennep.
Ab Remscheid-Lennep Bf. mit Bus 336 bis Marienheide.
Mit dem Auto: Über die A 4 von Köln in Richtung Olpe bis Ausfahrt Wiehl/Gummersbach oder die A 45 Sauerlandlinie Dortmund – Frankfurt bis Ausfahrt Meinerzhagen. Weiter bitte Hinweisschildern folgen.

🚶 Im Gemeindegebiet gibt es ein Wanderwegenetz von 120 km Länge. Kartenmaterial ist im örtlichen Buchhandel erhältlich.

✕ Restaurant Im Krug, Landhaus Wirth, Gummersbacher Straße 48, 51709 Marienheide, Tel. (0 22 64) 2 70. Tgl. 11 – 15 Uhr und 18 – 24 Uhr.

🛏 Hotel Landhaus Wirth, Friesenstraße 8, 51709 Marienheide, Tel. (0 22 64) 2 70; Fax (0 22 64) 27 88.

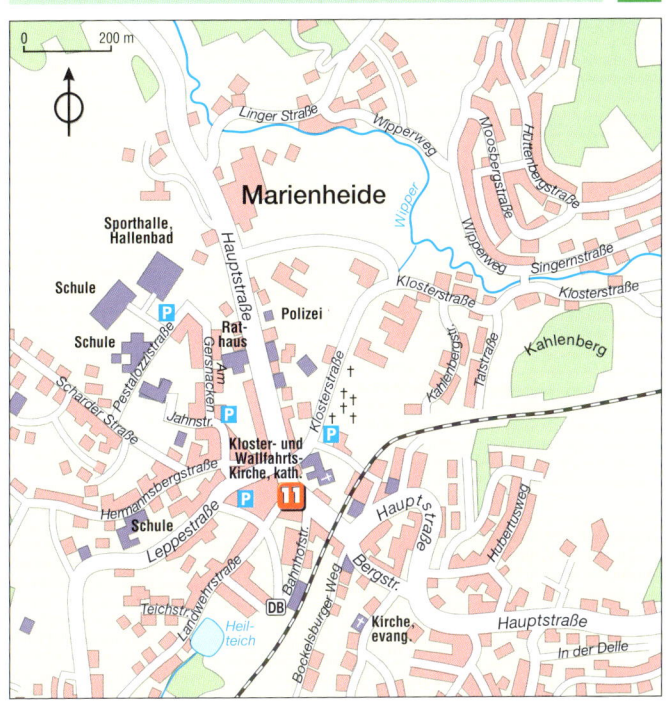

Polizeibeamte im Märchenschloss

Malerisch in einem abseits gelegenen Waldtal der oberen Leppe steht wie ein zauberhaftes Märchenschloss versteckt eine romantische Wasserburg: Schloss Gimborn. Ein besonders eindrucksvoller Blick auf die nicht öffentlich zugängliche Schlossanlage und die neugotische Pfarrkirche St. Johann Baptist (1867) an Stelle der ursprünglichen Burgkapelle bietet sich von der angrenzenden Straße aus.

Schloss Gimborn, 1273 von den Grafen von Berg an die Grafen von der Mark verpfändet, war seit 1631 Residenz der Herrschaft Gimborn-Neustadt (Bergneustadt) des Geschlechts von Schwarzenberg.

Die ehemals wasserumwehrte Anlage wurde im 17./18. Jahrhundert errichtet. Das prächtige Herrenhaus ist ein dreigeschossiger rechteckiger Bruchsteinbau von 1602 mit vier Ecktürmen, die von flachen Hauben und Laternen bekrönt sind. Der vortretende quadratische Hauptturm an der Nordwestecke stammt noch aus der Zeit des spätgotischen Vorgängerbaus des 15. bis 16. Jahrhunderts. Das kleine zweigeschossige Wohnhaus mit Mansarddach, das sich im Osten an das Herrenhaus anlehnt, und der rechtwinklig zum Herrenhaus gelegene zweigeschossige Wirtschaftstrakt stammen aus der Mitte des 18. Jahrhunderts.

Seit 1874 im Besitz der Freiherren von Fürstenberg-Gimborn, dient das Schloss jetzt der International Police Association (IPA) als Tagungs- und Begegnungsstätte. Polizeibeamte aus ganz Europa und von Übersee sind im Schloss gern gesehene Gäste.

Unsere Tipps

- Schloss Gimborn das Domizil der IPA, ist nur bedingt für die Öffentlichkeit zugänglich. Eine Außenansicht ist aber jederzeit von der Straße aus möglich. Einmal im Jahr öffnet das Schloss sein Portal auch für das Publikum: Die Königskrönung während des Gimborner Festes der St. Sebastianus Schützenbruderschaft findet traditionsgemäß am Haupteingang statt.

- Sehenswert auch die Schlosskirche, ein Neubau aus dem Jahr 1867 auf den Fundamenten eines älteren Gotteshauses mit romanischem Turm und einem gotisch veränderten Langhaus und Chor. Die Ausstattung stammt aus der Erbauungszeit, das Taufbecken aus dem Jahr 1753.

- Bekannt geworden ist Marienheide vor allem durch zwei in waldreicher Umgebung gelegene Talsperren, die für den Wassersport freigegeben wurden: der Brucher und der Lingese See. Sie ziehen jährlich viele tausend Menschen von nah und fern an, die in dieser herrlichen Landschaft Erholung suchen.

51709 Marienheide-Gimborn

Ab Köln Hbf. mit der Deutschen Bahn bis Gummersbach. Mit Bus 336 nach Marienheide. Weiter mit Bus 308 in Richtung Engelskirchen bis Gimborn.
Ab Solingen-Ohligs über Remscheid Hbf. bzw. ab Wuppertal mit der Deutschen Bahn RB 67 bis Remscheid-Lennep. Ab Remscheid-Lennep Bf. mit Bus 336 bis Marienheide. Weiter mit Bus 308 in Richtung Engelskirchen bis Gimborn.
Mit dem Auto: Über die A 4 von Köln in Richtung Olpe bis Ausfahrt Wiehl/Gummersbach oder über die A 45 Sauerlandlinie Dortmund – Frankfurt bis Ausfahrt Meinerzhagen. Weiter bis Marienheide.

Von Marienheide mit dem Rad bis Gimborn.

Ideale Wandermöglichkeiten rund um Schloss Gimborn.

Hotel-Restaurant Schloss Gimborn, Schlossstraße 15, 51709 Marienheide-Gimborn, Tel. (0 22 64) 85 01, Fax (0 22 64) 62 03. Tgl. ab 10 Uhr.

Wie oben.

13

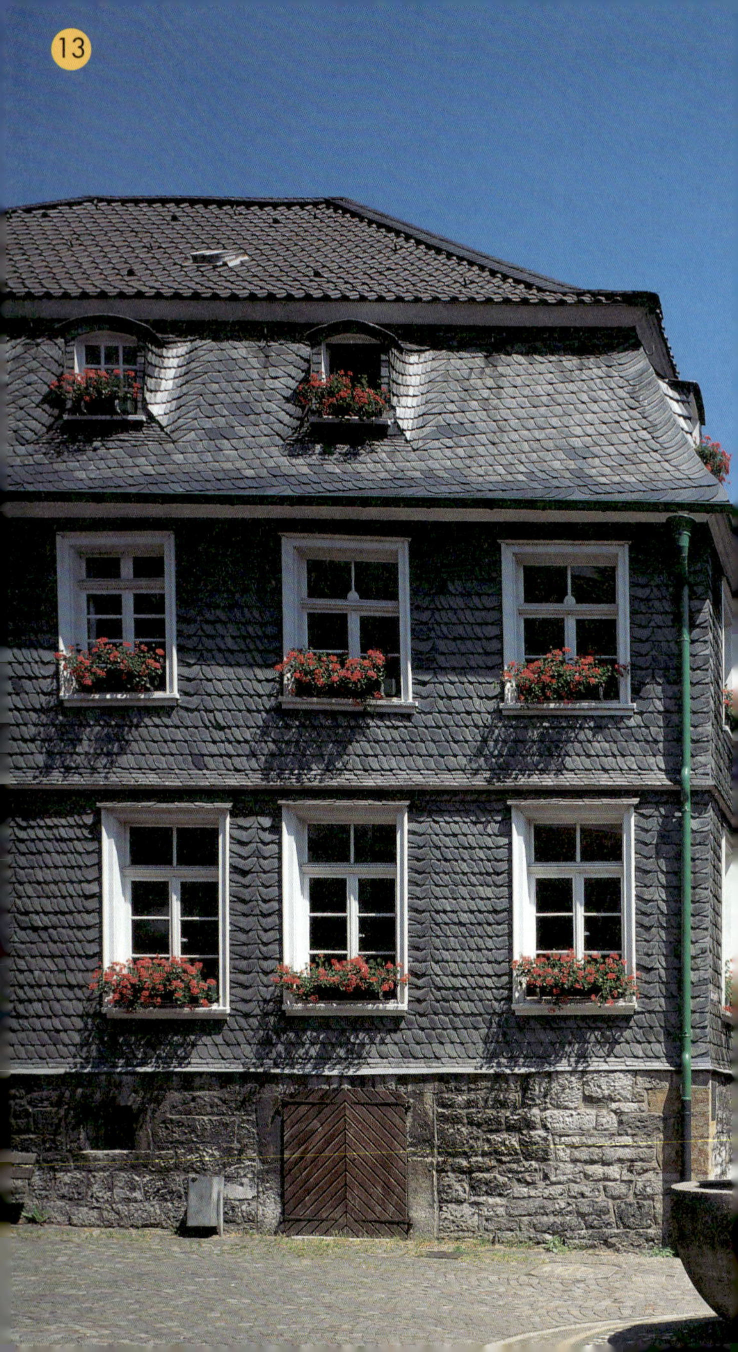

Kirchturm ist das Stadt-Wahrzeichen

Seit acht Jahrhunderten ist der 56 Meter hohe Turm von St. Lambertus unübersehbares Wahrzeichen von Mettmann. 904 als „Medamana" erstmals urkundlich erwähnt, war karolingisches Königsgut. Der Königshof, 1248 an den Grafen von Berg verpfändet und nicht wieder eingelöst, wurde 1424 zur „Freiheit" mit stadtähnlicher Verfassung erhoben. Heute ist Mettmann Kreisstadt des gleichnamigen Kreises. Die katholische Pfarrkirche beherrscht den auf einer Anhöhe gelegenen Markt, um den sich ringförmig die Fachwerk- und Schieferhäuser der Alt- bzw. Oberstadt legen. Von der romanischen Basilika St. Lambertus, die in der zweiten Hälfte des 12. Jahrhunderts entstanden ist, blieb nur der imposante Westturm erhalten. 1448 wurde das alte Kirchenschiff durch ein im spätgotischen Baustil gehaltenes Gotteshaus ersetzt. Seiten- und Hauptschiff stürzten in den Jahren 1703 bis 1705 ein. 1881 wurde das Gotteshaus im neugotischen Stil wieder aufgebaut, der Turm mit hoher achtseitiger Schieferpyramide versehen. 1978 erlebte das dritte Gotteshaus der Pfarrgemeinde St. Lambertus umfangreiche Restaurierungsarbeiten.

Im Innern der Kirche offenbart sich als kleine Kostbarkeit der romanische Taufstein (Ende des 12. Jahrhunderts). Die ältesten Glocken stammen aus dem 15. und 18. Jahrhundert.

Unsere Tipps

- Die Kirche in der historischen Oberstadt kann besichtigt werden. Sollte das Gotteshaus am Markt geschlossen sein, bitte das katholische Pfarramt St. Lambertus, Kreuzstraße 10, 40822 Mettmann, Tel. (0 21 04) 7 00 73, ansprechen.

- Das Highlight unter den Sehenswürdigkeiten Mettmanns ist zweifellos das im Herbst 1996 eröffnete neue Neanderthal Museum. Ausgehend von dem 1856 im Neandertal entdeckten Skelett eines prähistorischen Menschen wird in dem Museum die Entwicklungsgeschichte der Menschheit präsentiert. Im Zeittunnel und mit 5 Themeninseln können die Besucher eine Zeitreise aus der Vergangenheit in die Zukunft erleben. Das Haus versteht sich als Erlebnismuseum, das Kindern und Erwachsenen, Laien und Fachleuten durch Inszenierungen und Hörerlebnisse tiefe Einblicke in die Entwicklung unserer Art bieten will: nach eigener Aussage der Museumsleitung ein Museum über den Menschen für den Menschen. Das Neanderthal Museum, Talstraße 300, 40822 Mettmann, Tel. (0 21 04) 97 97 97, ist dienstags bis sonntags von 10.00 – 18.00 Uhr geöffnet.

Markt, 40822 Mettmann

🚆 Ab Düsseldorf Hbf. mit der Deutschen Bahn bis Mettmann-West.
Ab Düsseldorf Hbf. mit Bus 746 (Rheinbahn) bis Mettmann, Jubiläumsplatz.
Ab Wuppertal-Vohwinkel, Schwebebahn, mit Bus 745 (Rheinbahn) bis Mettmann, Breite Straße.
Ab Wuppertal Hbf. mit Bus SB 68 (BVR) bis Mettmann, Jubiläumsplatz.
Mit dem Auto: Von Düsseldorf bzw. Wuppertal über die B 7 bzw. die A 46 bis Ausfahrt Haan-Ost oder von Oberhausen bzw. Köln über die A 3 bis Ausfahrt Düsseldorf/Mettmann.

👫 Empfehlenswerte Wanderungen durch das Neandertal.

✗ Café am Markt, Markt 17, 40822 Mettmann, Tel. (0 21 04) 2 49 55. Mo – Sa 10 – 13 Uhr, So 15 – 24 Uhr.

🛏 Hotel Alberga, Schwarzbachstraße 22, 40822 Mettmann, Tel. (0 21 04) 9 27 20, Fax (0 21 04) 92 72 52.

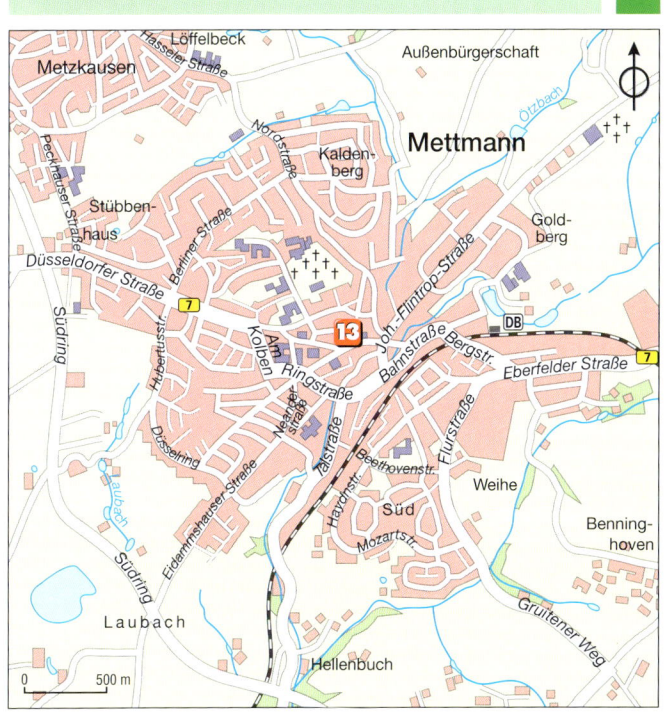

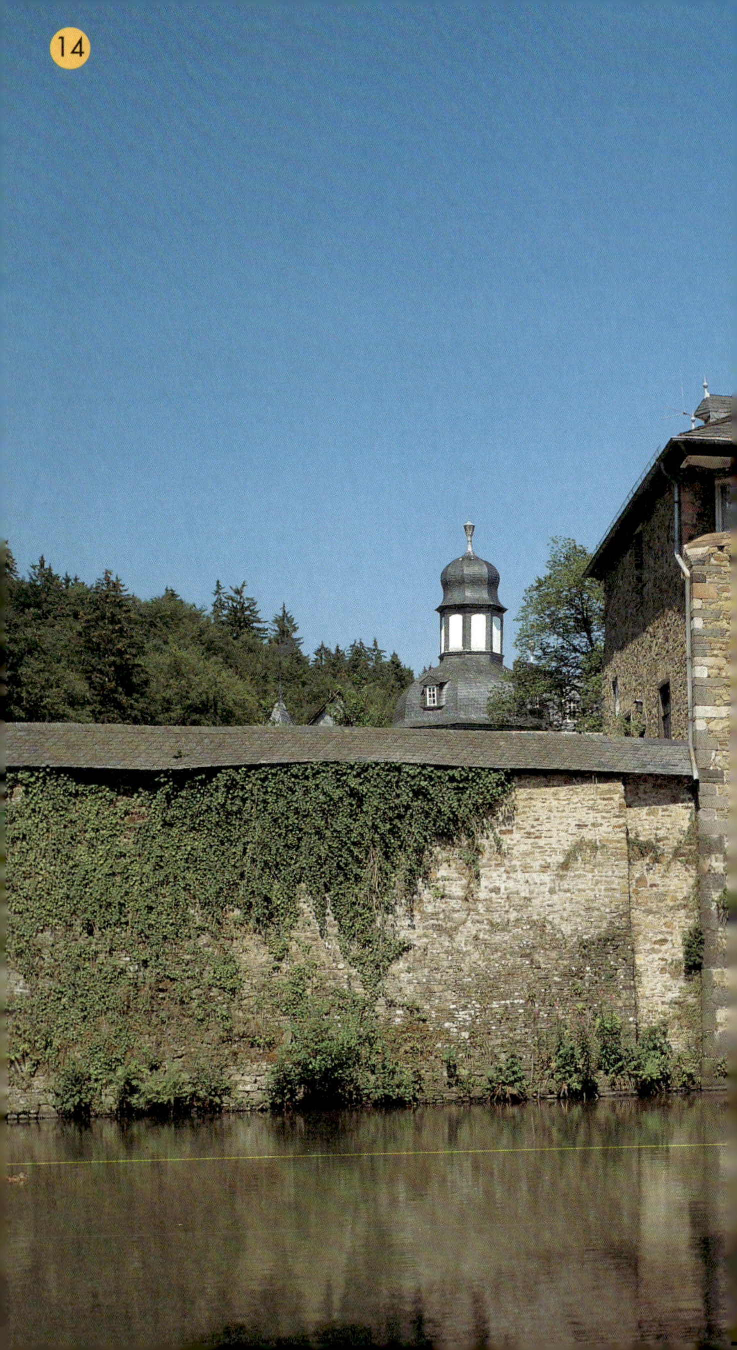

Morsbacher Juwel im Bachtal

Mehrere Burgen in der Nähe von Morsbach, das bereits in einem frühmittelalterlichen Verzeichnis der Besitztümer des Kanonikerstiftes St. Cassius und Florentinus zu Bonn aus dem Jahr 895 aufgeführt wird, zeugen von der einstigen Bedeutung dieses Landstriches.

Gut neun Kilometer vom Zentrum des Oberbergischen Luftkurortes entfernt liegt im Wissertal das beschauliche Wasserschloss Krottorf, umgeben von Ringmauern, Türmen und Fachwerkgiebeln. Ursprünglich als Wehrburg gedacht, die im 16. Jahrhundert aus dem Umbau eines Lehnshofes entstand, wurde Schloss Krottorf nie belagert und zerstört. Obwohl die Fakten spärlich sind, können wir davon ausgehen, dass die Bewohner der Anlage über Jahrhunderte hinweg friedlich und ohne nennenswerte kriegerische Bedrohungen leben und arbeiten konnten. Vielleicht deshalb gehört Schloss Krottorf, das sich im Privatbesitz befindet, zu den schönsten und besterhaltenen Wasserburgen im Bergischen Land.

Unsere Tipps

- Nur Außenbesichtigung des Schlosses möglich. Der gepflegte Schlosspark und das Wildgehege sind für die Öffentlichkeit zugänglich. Das Gehege mit Damwild, Mufflons und Rehen ist vom 15. März bis zum 31. Oktober täglich 8.00 – 19.00 Uhr geöffnet.

- Knapp einen Kilometer östlich von Krottorf thront auf einem Berg die Wildenburg. Die vor 1329 errichtete Burg mit ihren sechs Meter dicken Mauern diente zum Schutz der Westerwälder Eisenstraße. Die Mauern wurden später als Steinbruch benutzt. Der mächtige, 20 Meter hohe Bergfried blieb erhalten.

- Wer in Morsbach grillen will, kann dies am Grillplatz mit Grillhütte am Kurpark tun. Allerdings geht dies nur mit Voranmeldung. Auskunft durch Gemeindeverwaltung, Bahnhofstraße 2, 51597 Morsbach, Tel. (0 22 94) 69 90. Für Hausgäste stellt auch die Jugendherberge, Obere Kirchstraße 21, 51597 Morsbach, Tel. (0 22 94) 86 62, ihren Grillplatz zur Verfügung.

- Wer mehrere Tage oder seinen Urlaub auf einem Bauernhof verbringen möchte, kann sich mit Robert Zimmermann, Brunnenhof 1, 51597 Morsbach-Oberwarnsbach, Tel./Fax (0 22 94) 90 00 44, in Verbindung setzen.

- Der Kurpark hinter dem Rathaus mit Musikpavillon, Teichanlage, Minigolf, Freiluftschach und Tischtennis lädt zum Besuch ein, ebenso wie das benachbarte Kurmittelhaus mit Sauna, Schwimmbad und Solarium.

- Einen Abenteuerspielplatz finden Kinder an der Straße Im Kattelberg.

51597 Morsbach

🚌 Ab Köln Hbf. bzw. Siegen mit der Deutschen Bahn bis Wissen (Sieg). Weiter mit Bus 347 nach Morsbach.

Mit dem Auto: Über die A 4 von Köln in Richtung Olpe bis Ausfahrt Morsbach. Weiter über die B 256 bis Morsbach. Über die A 45 Sauerlandlinie Dortmund – Frankfurt bis Ausfahrt Siegen. Weiter auf der Landstraße über Freudenberg nach Morsbach.

🚲 Über Radwege informiert die Gemeindeverwaltung, Bahnhofstraße 2, 51597 Morsbach, Tel. (0 22 94) 69 90, Fax (0 22 94) 69 91 87.

🚶 Ein über 150 km langes Wanderwegenetz führt durch landschaftlich reizvolle Gebiete. Zum Wasserschloss Krottorf bringt uns ein abwechslungsreicher Wanderweg durch das herrliche Wisserbachtal.

✕ Wirtshaus Zur Republik, Kirchstraße 13, 51597 Morsbach, Tel. (0 22 94) 325. Ruhetag: Donnerstags.

🛏 Hotel Zum Römertal, Rom, 51597 Morsbach, Tel. (0 22 94) 2 35, Fax (0 22 94) 73 75.

Wissenswertes

Zwei Burgen abseits der Geschichte

Anders als die stolzen Burgen an Rhein und Mosel und die Schlösser in Westfalen sind die Herrensitze im Bergischen Land vielfach schmucklose Zweckbauten. Das gilt auch für Burg Volperhausen, ein schlossartiger Bau aus dem 19. Jahrhundert, und das kleine Burghaus gleichen Namens aus dem Jahr 1515. Während in der stattlichen Burg, die wegen ihres Baustils an viel ältere Anlagen erinnert, die Forstverwaltung der Familie von Schorlemer untergebracht ist, dient das von Wasser umgebene Burghaus als Wohnstätte.

Tief im Land versteckt, ist die Geschichte der kleinen Wasserburg im Morsbachtal recht unspektakulär. Sind viele Burgen steinerne Zeugen kriegerischer Auseinandersetzungen und harter Machtansprüche, so ist Volperhausen offenbar nie ernsthaft bedroht oder umlagert worden. So blieben ihre Bewohner von kriegerischen und lebensbedrohenden Ereignissen verschont, wenn wir den dürftigen Quellen Glauben schenken dürfen.

Der rechteckige und dreigeschossige Bruchsteinbau wurde nach einer alten Chronik 1682 restauriert und teilweise verändert. Die letzte Restaurierung erfolgte 1931.

Unsere Tipps

- Die schlossähnliche Burg Volperhausen und die kleine Wasserburg erheben sich, unweit voneinander, südlich von Morsbach an der Landstraße nach Wissen, unmittelbar an der Landesgrenze zwischen Nordrhein-Westfalen und Rheinland-Pfalz. Die Burg und das Burghaus, beliebte Fotomotive, können leider nicht von innen besichtigt werden.

- Alle Wege führen nach Rom – sagt ein altes Sprichwort. Wer nach Morsbach kommt, sollte auch zu Fuß oder mit dem eigenen Wagen bzw. mit dem Bus nach Rom „pilgern". Rom ist ein Dorf, liegt im oberen Römertal und hat nicht mehr als 50 Einwohner. Besucher schicken gern Postkarten mit einem „Gruß aus Rom" nach Hause oder lassen sich vor dem originellen Ortsschild fotografieren.

- Dass die Morsbacher die Feste feiern, wie sie fallen – dafür nur zwei Beispiele: In der ersten August-Hälfte steht der Ort ganz im Zeichen der traditionellen Kirmes. Am zweiten Sonntag im September feiern die Bewohner von Lichtenberg – eine der 53 Ortschaften in der gut 10 000 Einwohner fassenden Gemeinde Morsbach – ihr Erntedankfest. Ein großer Erntezug bewegt sich dann durch Lichtenberg und Umgebung.

- Die 800 Jahre alte Basilika St. Gertrudis und nicht die drei Burganlagen ist das eigentliche Wahrzeichen von Morsbach. Sollte die Kirche verschlossen sein, bitte an das Pfarrbüro wenden: Tel. (0 22 94) 2 38.

51597 Morsbach-Volperhausen

🚌 Ab Köln Hbf. bzw. Siegen mit der Deutschen Bahn bis Wissen (Sieg). Weiter mit Bus 347 nach Morsbach, Haltestelle Volperhausen.

Mit dem Auto: Über die A 4 von Köln in Richtung Olpe bis Ausfahrt Morsbach. Weiter über die B 256 bis Morsbach. Über die A 45 Sauerlandlinie Dortmund – Frankfurt bis Ausfahrt Siegen. Weiter auf der Landstraße über Freudenberg nach Morsbach.

✕ Haus am Kurpark, Alzener Weg 9, 51597 Morsbach, Tel. (0 22 94) 78 22. Kein Ruhetag.

🛏 Hotel Goldener Acker, Zum goldenen Acker 44, 51597 Morsbach, Tel. (0 22 94) 80 24, Fax (0 22 94) 73 75.

☞ Im Hotel „Goldener Acker" stehen auch bergische Spezialitäten auf der Speisekarte. Ruhetag des Restaurants: Sonntags abends und montags.

Wissenswertes

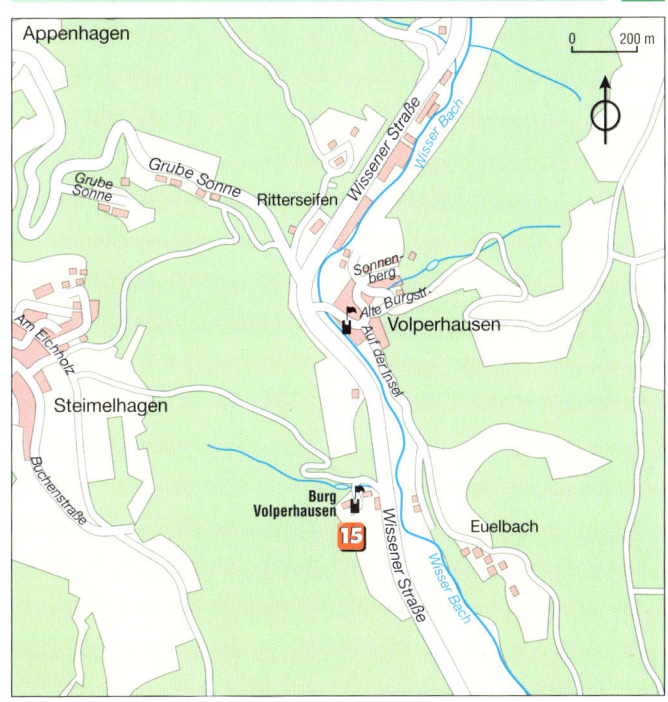

65

Wo Breschnew seinen Kaffee trank

Ein besonderes Ereignis in der Geschichte von Schloss Homburg war der 21. Mai 1973. An diesem Tag trafen sich in dem herrschaftlichen Schloss bei Nümbrecht der damalige sowjetische Partei- und Staatschef Leonid Iljitsch Breschnew und NRW-Ministerpräsident Heinz Kühn bei einer Bergischen Kaffeetafel zu einem Meinungs- und Gedankenaustausch, wie es in einer amtlichen Verlautbarung hieß.

Dieses Treffen der beiden inzwischen verstorbenen Politiker vor nunmehr einem Vierteljahrhundert ist längst vergessen, nicht jedoch das gastliche Schloss, das als Museum des Oberbergischen Kreises Jahr für Jahr immer mehr Besucher anzieht.

An der Stelle des heutigen Schlosses, das im 17./18. Jahrhundert zur herrschaftlichen Residenz ausgebaut wurde und ihr heutiges barockes Gepräge erhielt, stand einst eine frühmittelalterliche Höhenburg. Die zum ersten Mal 1276 erwähnte Anlage auf steiler Bergkuppe über dem Broltal mit mächtigen Mauern und trotzigem Bergfried war Graf Ernst von Sayn-Wittgenstein, der 1635 die Herrschaft im Homberger Land übernahm, nicht mehr repräsentativ genug. Er ließ die alte Wehrburg zur barocken Residenz umbauen. Die Ausstellungsschwerpunkte: Wehr- und Waffen der ursprünglichen Burg, höfische Jagd im 17./18. Jahrhundert, Wohnkultur in Schloss und Bürgerhaus, bäuerliche Volkskunde und altes Handwerk in Oberberg, naturkundliche Sammlung.

Unsere Tipps

- Schloss Homburg, das Museum des Oberbergischen Kreises, ist vom 1. April bis zum 31. Oktober dienstags bis samstags 10.00 – 17.00 Uhr und sonntags 10.00 – 18.00 Uhr geöffnet. Führungen durch den museumspädagogischen Dienst sind nach vorheriger Anmeldung möglich: Tel. (0 22 93) 9 10 10.

- Eine typische Nümbrechter Spezialität ist das „Oberbergische Herdplattenfleisch", ein Rindersteak, das auf einer Miniatur-Herdplatte vorgebraten und dann brutzelnd in Holsteinsmühle Tel. (0 22 93) 69 56 und 33 47, am Fuße von Schloss Homburg – mit Herdplatte – am Tisch serviert wird.

- Von Mai bis September verkehrt jeweils freitags, samstags und sonntags zwischen Nümbrecht und Wiehl die Oberbergische Postkutsche, ein originalgetreuer Nachbau der kaiserlichen Post um 1871. Fahrkarten gibt es bei der Kur- und Gästeinformation, Lindchenweg 1, 51588 Nümbrecht, Tel. (0 22 93) 5 18 und Fax (0 22 93) 5 10.

51588 Nümbrecht

🚌 Ab Köln Hbf. mit der Deutschen Bahn in Richtung Gummersbach bis Ründeroth oder Dieringhausen. Weiter ab Ründeroth mit Bus 312 nach Nümbrecht. Ab Dieringhausen mit
Bus 302 nach Nümbrecht.

Ab Köln mit dem Fernbus 305 nach Wiehl. Ab Wiehl mit
Bus 302 nach Nümbrecht.

Mit dem Auto: Über die A 4 von Köln in Richtung Olpe bis
Ausfahrt Wiehl/Bielstein oder Gummersbach/Wiehl. Wei-
ter bis Nümbrecht. Über die A 3 von Köln in Richtung
Frankfurt bis Ausfahrt Bonn/Siegburg. Weiter in Richtung
Hennef und über die B 478 Richtung Waldbröl bis
Schönhausen, dort über die L 320 bis Nümbrecht.

✕ Restaurant Historische Holsteinsmühle, Holsteinsmühle,
51588 Nümbrecht, Tel. (0 22 93) 69 56 und 33 47.
Ruhetag: Montags, Di – So ab 11 Uhr.

🛏 Park-Hotel, Parkstraße, 51588 Nümbrecht, Tel. (0 22 93)
30 30, Fax (0 22 93) 30 33 65.

Wissenswertes

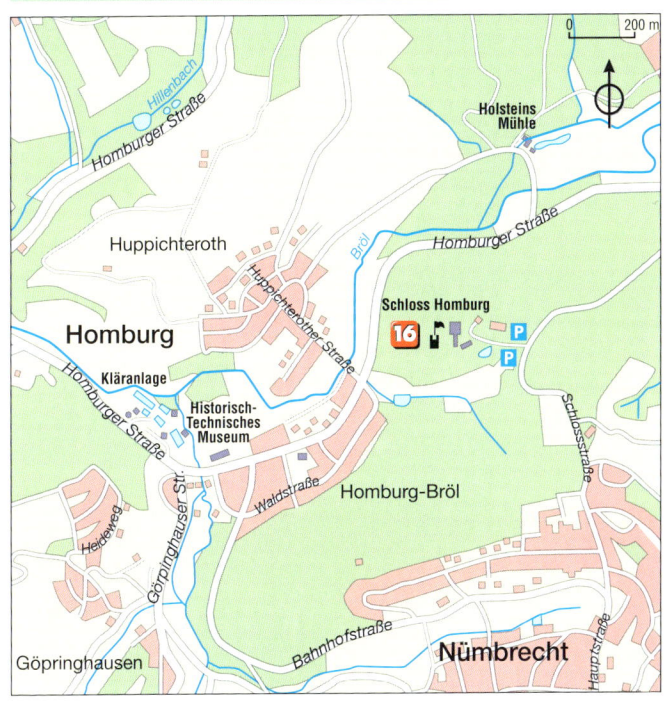

Bergischer Dom im Tal der Dhünn

Wer von Altenberg spricht, meint natürlich den Dom. Die mit Fug und Recht als „Bergischer Dom" geliebte Kathedrale liegt in faszinierender Schönheit eingebettet in die reizvolle Landschaft im Tal der Dhünn. Nicht, wie früher angenommen, im Jahr 1255, sondern erst vier Jahre danach 1259 legte der Kölner Erzbischof Konrad von Hochstaden den Grundstein zu einer neuen Abteikirche an jener Stelle, an der schon 1145 eine romanische Kirche errichtet worden war. Doch erst 1379 konnte das neue Gotteshaus geweiht werden. Ungeachtet der langen Bauzeit lag dieser Kirche ein einheitlicher Plan zugrunde. In Anlehnung an nordfranzösische Zisterzienserkirchen entstand so eine dreischiffige kreuzförmige Basilika mit Kreuzrippengewölbe, eines der schönsten gotischen Bauwerke auf deutschem Boden.

Schlicht wie es zisterziensischer Regel entsprach, ist das Eingangsportal gestaltet, über dem sich das hohe Westfenster mit seinem kunstvollen Stab- und Maßwerk erhebt. Das immerhin 144 Quadratmeter große Westfenster ist das größte Kirchenfenster in West- und Nordeuropa. Aber auch die übrigen Fenster sind von hohem künstlerischen Wert und spiegeln die Entwicklung der Glasmalerei zwischen 1255 und 1379 wider.

Daneben sind besonders die Grabdenkmäler der Bergischen Grafen bzw. Herzöge und deren Frauen sowie verschiedener Äbte des Klosters sehenswert, die beim Einsturz der Chorgewölbe 1830 erheblich beschädigt, aber ab 1895 restauriert wurden.

Unsere Tipps

- Neben Schloss Burg ist der Altenberger Dom das wohl bekannteste Ausflugsziel im Bergischen Land. Das „Bergischer Dom" genannte Gotteshaus, das in den nächsten Jahren umfassend restauriert wird, gilt als das größte und schönste sakrale Bauwerk der Region. Der Dom kann jederzeit besichtigt werden, allerdings muss man Einschränkungen während der Restaurierungszeit in Kauf nehmen.

- Folgt man dem Wanderzeichen A 3 durch das alte Klosterportal und überquert die Dhünn, so erreicht man zu Fuß den bekannten Märchenwald. Neben lebensnahen Märchendarstellungen aus der Sammlung der Gebrüder Grimm präsentieren sich auch Wasserspiele mit bunten, tanzenden Fontänen. Zu jedem Märchen wurde ein passendes Haus errichtet. Die Geschichten werden auf Tonband erzählt. Der Märchenwald, 51519 Odenthal-Altenberg Tel. (02174) 40454, ist ganzjährig 9 – 18. Uhr bzw. bis zum Einbruch der Dunkelheit geöffnet. Zum Märchenwald gehört auch ein Restaurant.

Eugen-Heinen-Platz, , 51519 Odenthal-Altenberg

Ab Köln Hbf. mit S-Bahn 11 bis Bergisch Gladbach. Weiter mit Bus 430 bis Odenthal-Altenberg.

Es bestehen weitere regelmäßige Busverbindungen zwischen Altenberg und Burscheid, Hückeswagen, Leverkusen und Wipperfürth.

Mit dem Auto: Von Dortmund über Wuppertal und Remscheid bzw. von Köln über Leverkusen über die A 1 bis Ausfahrt Burscheid. Weiter über die B 51 bis Blecher, Landstraße bis Altenberg.

Auskünfte über Radwege durch Gemeinde Odenthal, Abteilung Fremdenverkehr, Bergisch Gladbacher Straße 2, 51519 Odenthal, Tel. (0 22 02) 7 10 11, Fax (0 22 02) 7 87 77.

Restaurant Küchenhof, Carl-Moster-Straße 1, 51519 Odenthal-Altenberg, Tel. (0 21 74) 4 14 13. Ruhetag: Montags, Di – So 11.30 – 22 Uhr.

Hotel-Restaurant Altenberger Hof, Eugen-Heinen-Platz 7, 51519 Odenthal-Altenberg, Tel. (0 21 74) 49 70, Fax (0 21 74) 49 71 23

Wissenswertes

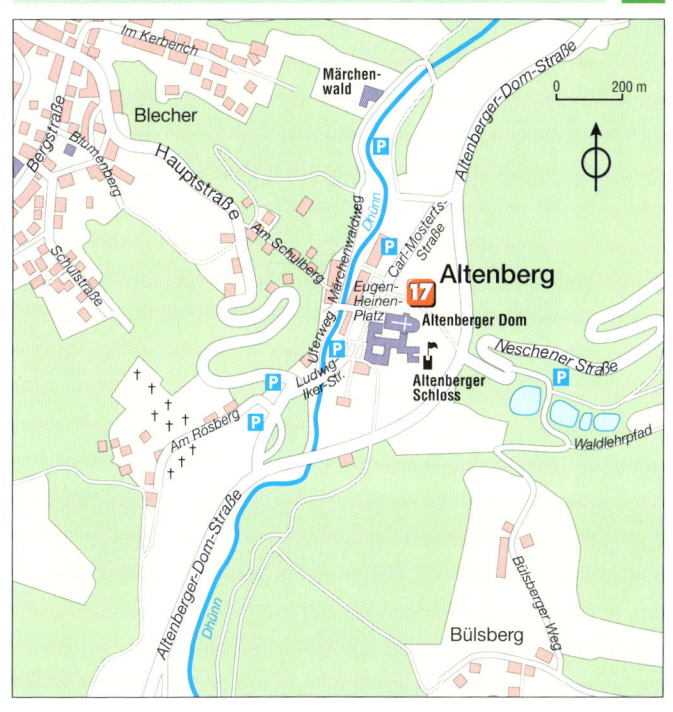

Bei Peter und Paul am großen Markt

Ein geräumiger Markt, umstanden von gepflegten Bürgerhäusern mit schmucken Läden und gemütlichen Gaststätten, empfängt den Besucher. Der Platz wird von der katholischen Pfarrkirche St. Peter und Paul beherrscht, deren Türme sich hoch gen Himmel erheben. Das imposante Gotteshaus, eine der ältesten gotischen Hallenkirchen im Rheinland, ist das Herzstück der Stadt Ratingen und ihr Wahrzeichen geblieben. Betritt man die Kirche, so erstaunt zunächst die große Zurückhaltung in der neugotischen Ausstattung von 1894: das mächtige Kirchenschiff kommt dadurch um so eindrucksvoller zur Geltung. Das Taufbecken aus schwarzem Kalkstein stammt von 1631, die hölzerne Kreuzigungsgruppe aus der Zeit um 1530.

Die Ursprünge von St. Peter und Paul lassen sich auf das 8. Jahrhundert zurückführen. Bei Grabungen 1973 entdeckte man Fundamente einer bis dahin noch nicht bekannten karolingischen Steinkirche spätestens aus dem 9. Jahrhundert.

Kern des aus verschiedenen Bauepochen stammenden Gotteshauses ist eine kleine romanische Basilika aus der zweiten Hälfte des 12. Jahrhunderts, von der im heutigen Bau lediglich noch die ehemaligen Osttürme erhalten sind. Ihnen wurde der heutige Westturm vorgesetzt, dessen Baubeginn auf das Jahr 1220 datiert wird.

Um 1300 war das Gotteshaus vollendet und blieb dann bis zum Umbau im 19. Jahrhundert nahezu unverändert.

Unsere Tipps

- Das Gotteshaus liegt mitten in der Altstadt und ist in der Regel für Besucher geöffnet.

- Der den Marktplatz beherrschende Bruchsteinbau rechts neben dem Turm der Kirche ist bereits im 13. Jahrhundert erwähnt worden. Nach wiederholter Zerstörung erfolgte 1751 eine barocke Erneuerung. Heute dient der Bau als Bürgerhaus und Stadtbibliothek.

- Den Freizeitpark Blauer See erreicht man, der Mülheimer Straße in nordöstlicher Richtung aus dem Stadtzentrum folgend. Es ist ein aus einem ehemaligen Dolomitensteinbruch geschaffenes geologisches Naturdenkmal. Im klaren Wasser des Sees spiegeln sich die Felsen und zeigen die verschiedenen Gesteinsschichten. Am Blauen See gibt es einen Bootsverleih, Minigolf sowie eine Naturbühne. Tel. (0 21 02) 98 24 32, Fax (0 21 02) 9 83 98/98 21 35.

Kirchgasse, 40878 Ratingen

🚌 Ab Düsseldorf Hbf. bzw. Essen Hbf. mit der S-Bahn bis Ratingen Ost.
Ab Düsseldorf Hbf. mit der Straßenbahn 712 bis Ratingen.
Mit dem Auto: Über die A 3 von Oberhausen bzw. Köln bis Ausfahrt Ratingen/Wülfrath.
Über die A 52 von Essen bzw. Düsseldorf bis Ausfahrt Ratingen/Tiefenbroich.
Über die A 44 von Düsseldorf bis Ausfahrt Ratingen-Süd.

🚶 Der Höseler Wald zwischen Ratingen und Essen-Kettwig ist ein abwechslungsreiches und ausgedehntes Wandergebiet.

✗ Restaurant Suitbertus-Stuben, Oberstraße 23, 40878 Ratingen, Tel. (0 21 02) 2 89 67. Ruhetag: Mittwochs, Do – Di 10 – 14 Uhr und 17 – 24 Uhr.

🛏 Hotel Altenkamp, Marktplatz 17-19, 40878 Ratingen, Tel. (0 21 02) 2 70 44, Fax (0 21 02) 2 12 17.

Das Domizil der Grafen von Spee

Auf Schritt und Tritt begegnen uns in Ratingen, das schon 1276 von Graf Adolf von Berg zur Stadt erhoben wurde und damit zu den ältesten Städten im Bergischen Land gehört, neben den Resten der im 15. Jahrhundert geschaffenen Stadtbefestigung mit den drei erhalten gebliebenen Wachtürmen, Teilen des Mauerringes und der Wallgräben, weitere bedeutende Zeugen der Vergangenheit.

Im späten Mittelalter sah man von dem 13 Meter hohen Dicken Turm über Wiesen und Weiden bis über die Anger hinweg nach „Haus zum Haus". Die kleine Wasserburg steht seit Ende des 13. Jahrhunderts an der Stelle, an der vermutlich bereits im 12. Jahrhundert eine feste Hofanlage errichtet wurde, die einem Brand zum Opfer fiel. Der später mehrmals umgebaute Stammsitz der „Herren von Haus" befand sich von 1783 bis 1972 im Besitz der Grafen von Spee und diente als landwirtschaftlicher Betrieb. Nachdem die Nachkommen der Grafen von Spee die stark verwahrloste Anlage der Stadt Ratingen geschenkt hatten, ging sie 1973 in Erbpacht an Bruno Lambart über. Der Architekt ließ die völlig verfallene Anlage liebevoll restaurieren.

Die zweiteilige Anlage besteht aus Vor- und Hauptburg. Die runden Ecktürme und die dicken Bruchsteinmauern geben dem Areal ihr markantes Profil. Von der aus dem 16. Jahrhundert stammenden Vorburg, die ursprünglich ebenfalls von Mauern und Gräben umgeben war, steht noch das rundbogige Eingangstor.

Unsere Tipps

- Eine Außenbesichtigung der Anlage ist möglich – und natürlich der Besuch des gemütlichen Burgrestaurants.
- Auch weitere Schlösser und Herrensitze um Ratingen können bewundert werden: Eng mit Ratingens Geschichte verbunden ist das Schloss Linnep, dessen ältester Teil der über 1000 Jahre alte Turm ist. Im Flügelanbau von 1873 befindet sich das Archiv des Kreises Mettmann. Das Schloss im Ortsteil Breitscheid, Linneper Weg, ist geöffnet montags bis donnerstags 8.30 – 12.00 Uhr und nach Vereinbarung.
  An der Grenze des Kreises Mettmann und des Essener Stadtteils Kettwig erhebt sich noch auf Ratinger Stadtgebiet an der August-Thyssen-Straße mitten im Wald Schloss Landsberg. Der 33 Meter hohe Bergfried stammt aus dem letzten Viertel des 13. Jahrhunderts. Eine Besichtigung der Schauräume des Schlosses, das 1903 von August Thyssen erworben wurde, ist für Gruppen nach Voranmeldung möglich. Tel. (0208) 3 00 23 53.

Mühlenkämpchen, 40878 Ratingen

🚌 Ab Düsseldorf Hbf. bzw. Essen Hbf. mit der S-Bahn bis Ratingen Ost.
Ab Düsseldorf Hbf. mit der Straßenbahn 712 bis Ratingen.
Mit dem Auto: Über die A 3 von Oberhausen bzw. Köln bis Ausfahrt Ratingen/Wülfrath.
Über die A 52 von Düsseldorf bzw. Essen bis Ausfahrt Ratingen/Tiefenbroich.
Über die A 44 von Düsseldorf bis Ausfahrt Ratingen-Süd.

🚲 Im Gegensatz zu anderen Gegenden im Bergischen Land findet der Radwanderer in und um Ratingen ideale ebene Touren vor.

🚶 Ratingen ist Ausgangspunkt für viele kurze und längere Spaziergänge und Wanderungen.

✗ Burgrestaurant, Mühlenkämpchen, 40878 Ratingen, Tel. (0 21 02) 2 25 86. Ruhetag: Samstags.

🛏 Hotel Anger, Angerstraße 20, 40878 Ratingen, Tel. (0 21 02) 8 20 11, Fax (0 21 02) 87 04 82.

Wissenswertes

Alter Burghof gilt als „Klein-Venedig"

Die vielen Schlösser, Burgen und Herrensitze sind so verschieden wie die Städte und Dörfer im Bergischen Land. Jede Anlage hat ihren persönlichen Charakter und Charme – bei allen trennenden und verbindenden Merkmalen ihrer Stilepochen.

Versteckt im Süden des oberbergischen Erholungsgebietes Reichshof liegt der Burghof Denklingen, der gesucht und gefunden werden will. Schon im 14. Jahrhundert war der Ort Gerichtssitz. Über Jahrhunderte hinweg, unter der Herrschaft von verschiedenen Geschlechtern, entwickelte sich die malerische Burganlage. Der zweigeschossige Torbau von 1689 liegt im Osten. Er war Gefängnis des früheren Hochgerichtes Windeck. Im Norden des Hofes die Antoniuskapelle, dahinter der ehemalige Mühlteich, dessen gegenüberliegendes Ufer an alte Wohnhäuser des historischen Ortskerns von Denklingen angrenzt. Kein Wunder, dass diese romantische Seite des Teiches im Volksmund „Klein-Venedig" genannt wird.

Die Burg selbst, ein verputztes Bruchsteingebäude, steht im Süden des Hofes. Den Ring der Anlage schließen an der Westseite kleinere Nebengebäude. Als einstige Wasserburg wurde das Gelände von drei Bächen umflossen. Teile der Gräben sind noch vorhanden.

Der Burghof Denklingen wurde 1986 nach umfangreichen Renovierungsarbeiten wieder eröffnet. Im Hauptgebäude sind eine Töpferei und eine Gobelinausstellung untergebracht.

Unsere Tipps

- Die liebevoll restaurierte Burganlage in der Dorfmitte des staatlich anerkannten Erholungsortes Denklingen, zugleich Verwaltungssitz der Gemeinde Reichshof, ist mit dem angrenzenden Kurpark und Abenteuerspielplatz verbunden. Eine Gobelinausstellung der Handweberei Wagner befindet sich in den Räumen der Burg, die Handweberei selbst ist im „Haus Eichen" untergebracht. Besucher sind willkommen, doch Anmeldung ist erwünscht: Tel. (0 22 96) 2 66. Die Burgtöpferei Weber kann ebenfalls besichtigt werden. Gruppen erhalten auf Wunsch eine Töpferdemonstration. Voranmeldung unter Tel. (0 22 96) 19 79. Öffnungszeiten: Dienstags bis freitags 9 – 13 Uhr und 15 – 18 Uhr, samstags 9 – 13 Uhr, sonntags 15 – 18 Uhr.

- Der Vogelpark Eckenhagen, der drittgrößte seiner Art in Deutschland, beherbergt artgerecht über 1000 exotische und einheimische Vögel in 60 Volieren.
Öffnungszeiten: Vom 1. März bis 30. November täglich 9 – 19 Uhr. Tel. (0 22 65) 87 86.

Hauptstraße, 51580 Reichshof-Denklingen

Ab Köln Hbf. mit der Deutschen Bahn bis Gummersbach. Weiter ab Gummersbach mit Bus 302 und 304 bis Reichshof-Denklingen.
Mit dem Auto: Über die A 4 von Köln in Richtung Olpe bis Ausfahrt Reichshof-Denklingen.

Über Radtouren informiert das Verkehrsamt in Eckenhagen, Barbarossastraße 5, 51580 Reichshof, Tel. (0 22 65) 90 70 und 4 70, Fax (0 22 65) 3 56.

Die Gemeinde Reichshof mit dem Ortsteil Denklingen verfügt über ein gut gekennzeichnetes Wanderwegenetz von 170 km Länge. Unterlagen und Wanderkarten sind im Verkehrsamt erhältlich. Mehrmals im Jahr werden auch öffentliche Wanderungen angeboten.

Hotel Denklinger Hof, Hauptstraße 16, 51580 Reichshof-Denklingen, Tel. (0 22 96) 2 35, Fax (0 22 96) 3 35. Tgl. 10 – 14 Uhr und ab 16 Uhr.

wie oben.

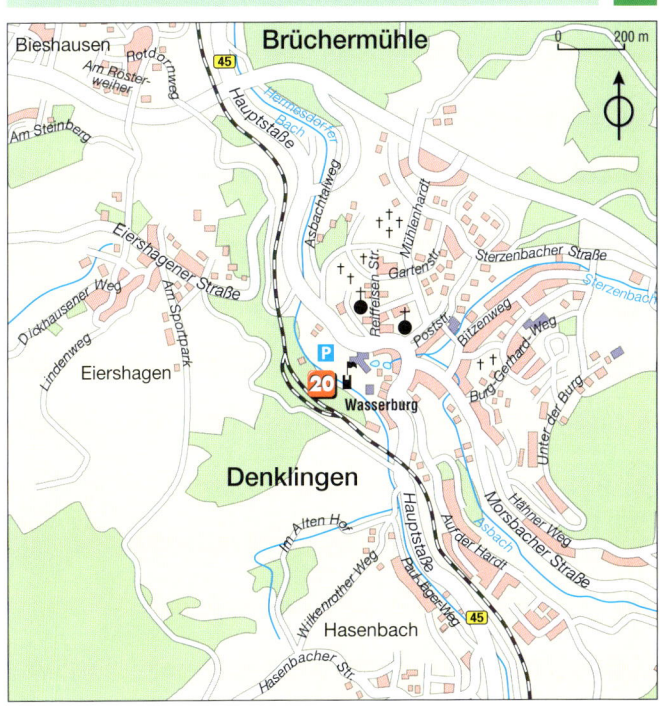

Hoher Zwiebelturm beherrscht Altstadt

Remscheid-Lennep, heute über 750 Jahre alt und bis 1929 Kreisstadt, war schon um 1250 eine befestigte Stadt, die durch Mauer, Wall und Graben geschützt wurde. Aus der Vogelperspektive gleicht die von Umgehungsstraßen eingefasste Altstadt einer bunten Spielzeugschachtel. Wer durch eine der winkligen Gassen in das Spinnwebenetz des Stadtkerns eintaucht, kommt immer zum Markt und damit zur evangelischen Kirche.

Der markante Turm mit der barocken Zwiebelhaube überragt das Gewirr der bergischen Fachwerk- und Schieferhäuser, die allesamt unter Denkmalschutz stehen.

Das in den letzten Jahren von Grund auf restaurierte Gotteshaus wurde von 1750 bis 1756 als Bruchstein-Saal mit zweigeschossigem Sakristeianbau im Osten errichtet. Die Untergeschosse des mächtigen Turmes stammen noch aus dem Vorgängerbau der heutigen Kirche aus dem 14. Jahrhundert. Im Innern erblickt der Besucher eine eigenwillige Flachtonnendecke sowie eine dreiseitig umgeführte Empore. An der Ostseite befinden sich der Kanzelaltar und der erneuerte Orgelprospekt in der für viele Kirchen im Bergischen Land aus dem 18. Jahrhundert so typischen Anordnung übereinander. Bemerkenswert ist die Ausstattung in Eichenholz mit sparsamer Vergoldung.

Unsere Tipps

- Die Kirche ist nicht nur das Wahrzeichen, sondern auch das Zentrum der kreisförmigen Altstadt mit dem Spinnwebenetz seiner engen Gassen, deren Bild von hübschen, meist verschieferten Fachwerkhäusern aus der zweiten Hälfte des 18. Jahrhunderts bestimmt werden. Das Gotteshaus ist in der Regel nur während der Gottesdienste und von Konzertveranstaltungen geöffnet. Außerhalb dieser Zeiten können sich Interessenten vorab an das Gemeindeamt, Bermesgasse 11, 42897 Remscheid, Tel. (0 21 91) 6 00 82, Fax (0 21 91) 66 13 58, wenden.

- An Wilhelm Conrad Röntgen (1845–1923), den größten Sohn der Stadt, erinnert das Deutsche Röntgen-Museum, Schwelmer Str. 41, 42897 Remscheid, Tel. (0 21 91) 16 33 84. Das seit 1930 bestehende Museum zeigt die umfangreiche wissenschaftliche Korrespondenz Röntgens, der 1895 die nach ihm benannten „X-Strahlen" entdeckte. Veranschaulicht werden außerdem die Entwicklung der Röntgenstrahlen von der Entdeckung bis zur praktischen Anwendung in der heutigen Zeit. Öffnungszeiten: Dienstags bis freitags 10 – 18 Uhr, samstags und sonntags 11 – 18 Uhr.

Kirchplatz, 42897 Remscheid

🚊 Ab Wuppertal Hbf bzw. ab Solingen-Ohligs über Remscheid Hbf. mit der Deutschen Bahn RB 67 bis Remscheid-Lennep. Ab Wuppertal-Oberbarmen Bf. mit dem Bus 336 bis Lennep, Mollplatz. Ab Remscheid, Friedrich-Ebert-Platz, mit dem Bus 660 bis Lennep, Bismarckplatz. Mit dem Auto: Über die A 1 von Köln über Wuppertal in Richtung Dortmund bis Ausfahrt Remscheid. Über die B 51 von Köln bzw. Wuppertal bis Remscheid-Lennep. Über die B 229 von Solingen bzw. Lüdenscheid bis Remscheid.

✗ Café-Restaurant König von Preußen, Alter Markt 2, 42897 Remscheid-Lennep, Tel. (0 21 91) 66 82 67. Ruhetag: Freitags, Sa – Do 10 – 22 Uhr.

🛏 Hotel Berliner Hof, Mollplatz 1, 42897 Remscheid-Lennep, Tel. (0 21 91) 6 01 51, Fax (0 21 91) 6 04 51.

☞ Das neue Spaßbad, Hackenberger Straße 109, 42853 Remscheid, Tel. (0 21 91) 16 41 42, mit dem Namen H_2O mit zwei Natursolebecken und einer Saline ist jeden Tag geöffnet.

Wissenswertes

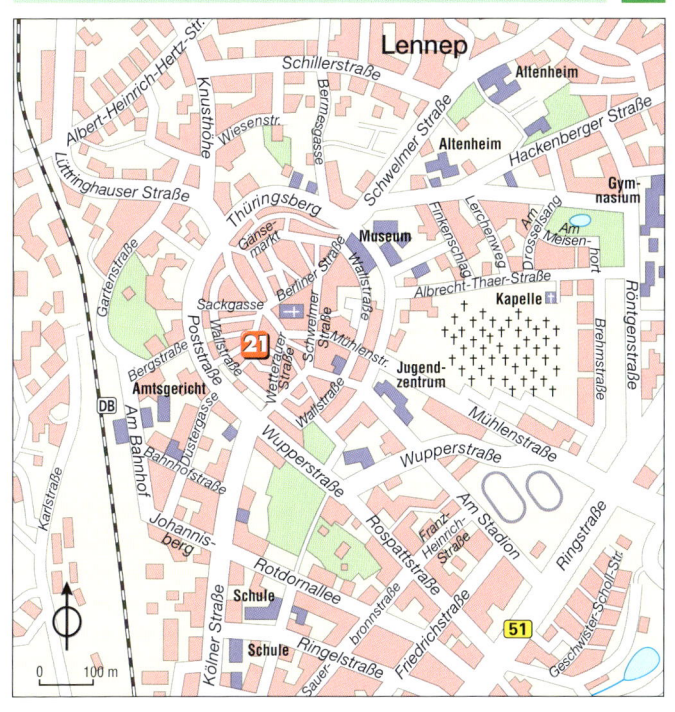

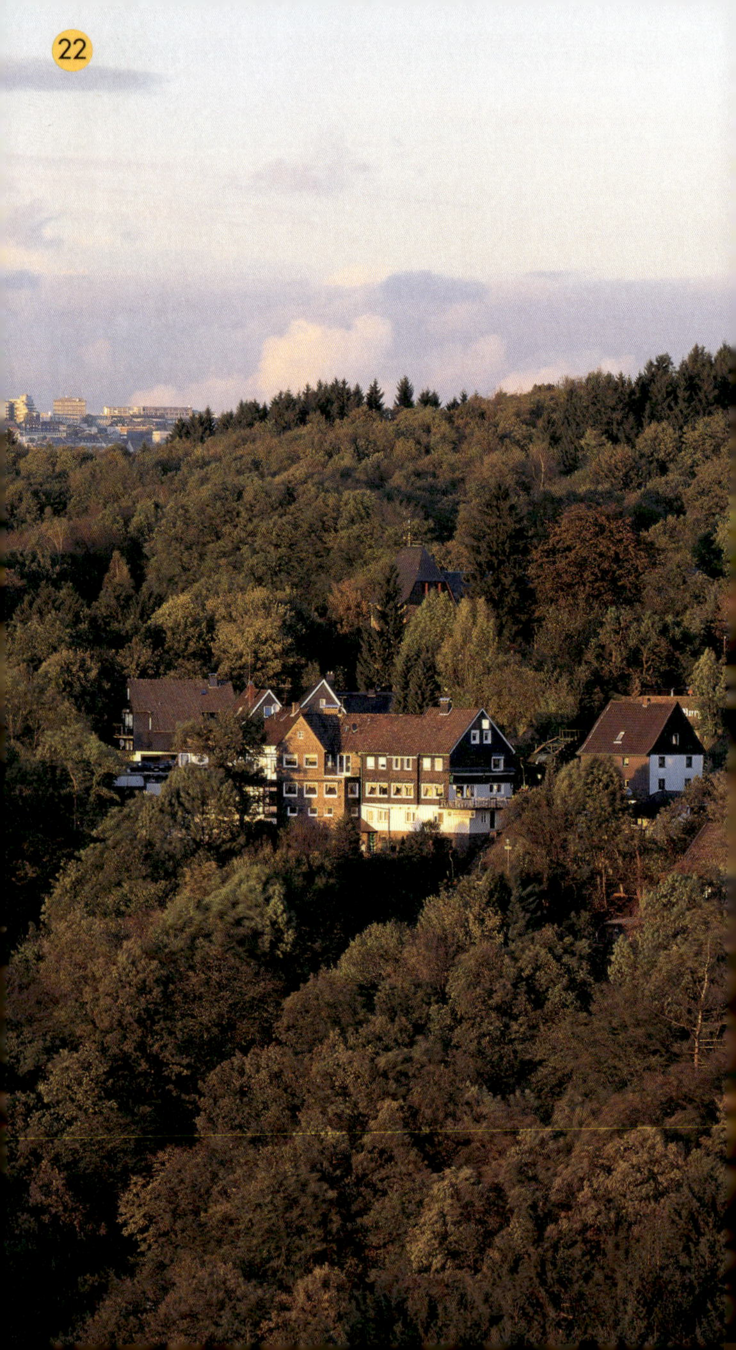
22

Stammsitz der Grafen von Berg

Vor der Eingangspforte von Schloss Burg erhebt sich ein markantes Reiterstandbild. Es zeigt Engelbert II., den bedeutendsten der Grafen von Berg. Der Graf, als Erzbischof von Köln und Verweser des Heiligen Römischen Reiches, einer der mächtigsten Männer im Herrschaftsbereich des Stauferkaisers, baute während seiner nur siebenjährigen Regentschaft die zunächst bescheidene Burg zu einer mächtigen Hofburg aus. Zu Beginn des 12. Jahrhunderts hatte Graf Adolf seinen Stammsitz von Altenberg an der Dhünn auf die Anhöhe oberhalb der Wupper verlegt und mit dem Bau der Burganlage begonnen.

Schloss Burg gilt als der Inbegriff einer deutschen Höhenburg des Mittelalters. Mit ihren Mauern und dem hoch aufragenden Bergfried erscheint sie uns wie ein Wirklichkeit gewordenes romantisches Phantasiebild. Kein anderes Bauwerk ist so eng mit der Geschichte des Bergischen Landes verknüpft wie Schloss Burg. Auf dieser imposanten Anlage schlägt das Herz der Region. Dabei ist mit dem Wiederaufbau der ehemaligen Feste aus dem 12. Jahrhundert, seit dem Dreißigjährigen Krieg dem Verfall preisgegeben, erst Ende des 19. Jahrhunderts begonnen worden. Ihre heutige mächtige Gestalt erhielt die Burg in den Jahren 1890 bis 1914, als sie auf Initiative tatkräftiger Bürger in romantischer Verehrung und Verklärung des Mittelalters rekonstruiert wurde.

Unsere Tipps

- Schloss Burg gibt als Bergisches Museum den Besuchern Gelegenheit zu einem ausgedehnten Spaziergang durch das Mittelalter. In den Burgsälen und Museumsräumen wird die Burgkultur des Hoch- und Spätmittelalters sowie der Renaissance lebendig. Darüber hinaus wird den Besuchern die bergische Kultur des 18. und 19. Jahrhunderts nahegebracht. Eine der weiteren Sammlungen ist der Vor- und Frühgeschichte des Bergischen Landes gewidmet. Öffnungszeiten: Täglich 10.00 – 18.00 Uhr, montags 13.00 – 18.00 Uhr (vom 6. November bis Ende Februar täglich 10.00 – 17.00 Uhr).

- Nach einer Wanderung von gut 5 Kilometern von Unterburg aus über Wiesenkotten erreicht man ein technisches Wunderwerk: die über 100 Jahre alte Müngstener Brücke. Die monumentale Brückenkonstruktion verbindet die Nachbarstädte Solingen und Remscheid. Die mit 107 Metern höchste deutsche Eisenbahnbrücke überspannt das Tal der Wupper.

Schlossplatz 2, 42659 Solingen

🚆 Ab Köln Hbf. über Solingen-Ohligs bzw. ab Hamm über Dortmund, Hagen, Wuppertal Hbf. mit der Deutschen Bahn bis Wuppertal-Vohwinkel.
Weiter ab Wuppertal-Vohwinkel, Schwebebahn, mit O-Bus 683 der Stadtwerke Solingen über Solingen bis Solingen Burg.
Weiter mit der Sesselbahn bzw. zu Fuß von Unterburg nach Oberburg.
Mit dem Auto: Über die A 1 von Köln in Richtung Dortmund bis Ausfahrt Schloss Burg/Wermelskirchen.

🚶 Das vorzüglich markierte Wanderwegenetz umfasst 310 Kilometer. Der Klingenpfad rund um Solingen berührt auch Burg.

🍴 Schloss-Restaurant, Schlossplatz 1, 42659 Solingen, Tel. (02 12) 4 30 50. Ruhetag: Montags, Di – So 12 – 22 Uhr.

🛏 Historisches Hotel „Haus in der Straßen", Wermelskirchener Straße 12-16, 42859 Solingen, Tel. (02 12) 4 40 11-12, Fax (02 12) 4 75 49.

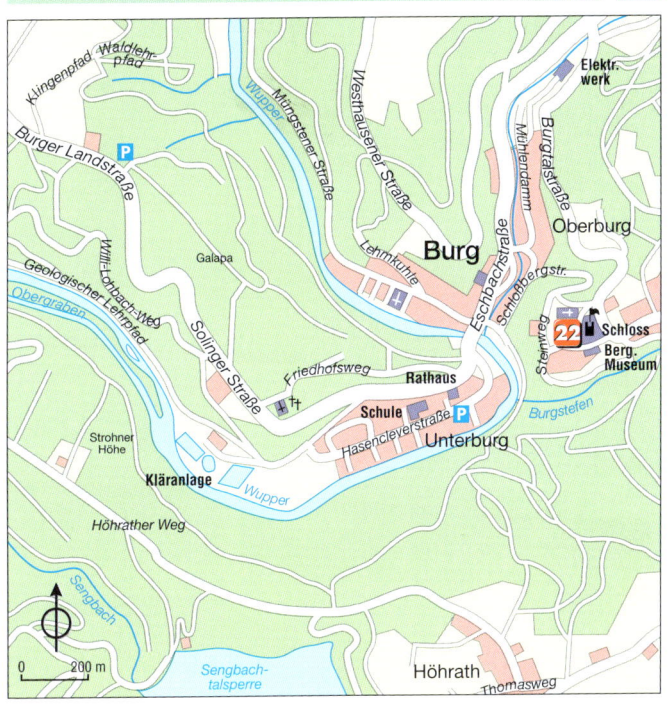

Klosterkirche überragt Markt

„Me fecit Solingen" – das unverwechselbare Markenzeichen auf den global bekannten Erzeugnissen „made in Solingen" kann in vielerlei Gestalt im Deutschen Klingenmuseum bewundert werden, das sein Domizil im ehemaligen Kloster des altbergischen Ortsteils Gräfrath hat.

Das frühere Klostergebäude und die prächtige Klosterkirche erheben sich hoch über den Dächern der verschieferten Fachwerkhäuser aus dem späten 18. und dem frühen 19. Jahrhundert rund um den malerischen Marktplatz. Gräfrath mit dem historischen Markt ist ein architektonischer Augenschmaus – und die ehemalige Damenstiftskirche St. Mariä Himmelfahrt Glanzlicht und Wahrzeichen.

Vom Markt führt eine Treppe hinauf zu dem Gotteshaus, ein Barockbau von 1690, dessen Westteil mit dem schönen Portal noch aus frühgotischer Zeit stammt. An der Südseite des Chors ist der zweigeschossige Kapellenbau des 15. Jahrhunderts erhalten, der freilich vom 17. bis 19. Jahrhundert mehrfach verändert worden ist.

Die prächtige spätbarocke Ausstattung aus dem 17. Jahrhundert im Inneren umfasst neben drei Altären, Kommunionbank und Kanzel einen mächtigen Orgelprospekt. Die Altäre mit geschnitzten Mittelgruppen zeigen die Himmelfahrt Mariens bzw. des heiligen Georg und der heiligen Katharina.

Der wertvolle Kirchenschatz ist besonders reich an Goldschmiedearbeiten des 14. bis 16. Jahrhunderts. Die bedeutendsten Stücke: Silbervergoldete Turmmonstranz mit Figur und Muttergottes von 1420.

Unsere Tipps

- Die frühere Klosterkirche und heutige Pfarrkirche St. Mariä Himmelfahrt mit ihrer prächtigen Barockausstattung kann vor und nach Gottesdiensten und zu weiteren Zeiten besichtigt werden. Führungen nach Vereinbarung: Tel. (02 12) 59 11 49.

- Direkt neben der Kirche im ehemaligen Kloster befindet sich das Deutsche Klingenmuseum, das eine umfangreiche Sammlung von Blankwaffen, Bestecken und Schneidgeräten umfasst. Die größte und vollständigste Sammlung dieser Art in der Welt wird ergänzt durch die Städtische Galerie mit Gemälden, Grafiken und Plastiken. Das Museum, Klosterhof 4, 42653 Solingen, Tel. (02 12) 2 58 36 10, Fax (02 12) 2 58 36 30 ist geöffnet: Dienstags bis donnerstags, samstags und sonntags 10.00 – 17.00 Uhr, freitags 14.00 – 17.00 Uhr.

- Unterhalb von Kirche und Kloster der historische Ortskern von Gräfrath mit Markt und schieferverkleideten Fachwerkhäusern.

Klosterhof, 42653 Solingen

🚆 Ab Köln Hbf. über Solingen-Ohligs bzw. ab Hamm über Dortmund, Hagen, Wuppertal Hbf. mit der Deutschen Bahn bis Wuppertal-Vohwinkel.

Weiter ab Wuppertal-Vohwinkel, Schwebebahn, mit O-Bus 683 der Stadtwerke Solingen bis Solingen-Gräfrath.

Mit dem Auto: Über die A 46 von Düsseldorf in Richtung Wuppertal bzw. von Dortmund in Richtung Düsseldorf bis Ausfahrt Haan-Ost.

🚲 Radweghinweise durch Stadtinformation, Cronenberger Straße 59/61, 42651 Solingen, Tel. (02 12) 29 02 33 33.

🚶 Gräfrath ist Ausgangspunkt empfehlenswerter Wanderungen auf dem Klingenpfad ins romantische Ittertal und in die Kohlfurth, wo man auf dem Wanderweg rund um Wuppertal mit dem Zeichen W im Kreis stößt.

🏛 Deutsches Klingenmuseum, Klosterhof 4, 42653 Solingen-Gräfrath, Tel. (02 12) 25 83 60. Ruhetag: Montags.

🛏 Hotel Zur Post, Gräfrather Markt 1, 42653 Solingen-Gräfrath Tel. (02 12) 5 97 11, Fax (02 12) 59 27 51.

Wissenswertes

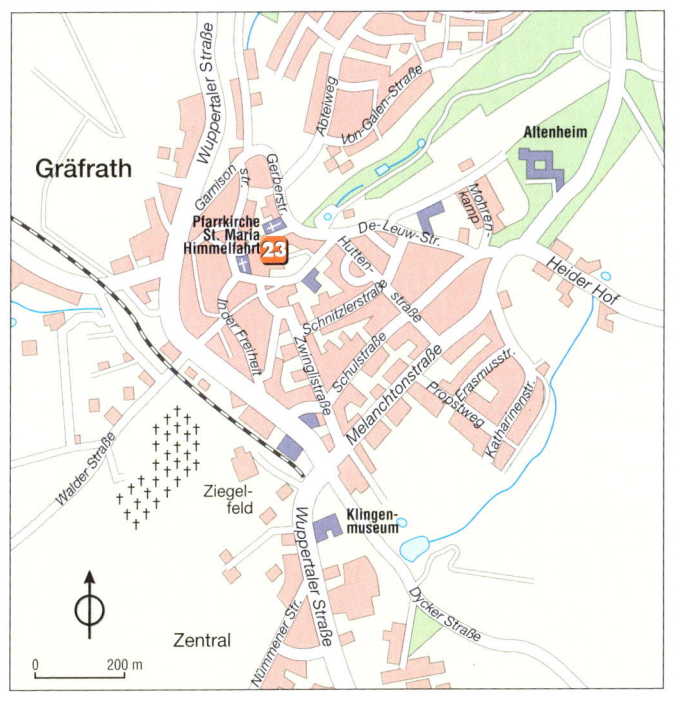

Rokoko am Rande der Ohligser Heide

Neben Schloss Burg, das erst seit 1975 nach der Eingemeindung des Städtchens Burg an der Wupper zu Solingen gehört, erfreut sich die Klingenstadt zwei weiterer Schlossbauten: Schloss Caspersbroich (15. Jahrhundert) im romantischen Ittertal, einst Rittersitz und jetzt Wohnhaus, sowie Schloss Hackhausen, ein repräsentativer Landsitz. Die übrigens südlich von Hackhausen am Rande der Ohligser Heide gelegene Wasserburg Haus Graven, 1341 zuerst als Lehnsgut der Erzbischöfe von Köln erwähnt, steht schon auf dem Gebiet der Nachbarstadt Langenfeld.

Am Südostrand der Heide, knapp eine halbe Stunde vom Bahnhof Solingen-Ohligs entfernt, erhebt sich unweit der Bonner Straße das 1772 an Stelle der 1441 genannten und um 1700 abgebrochenen Wasserburg „Hachhusen" errichtete Rokokoschlösschen Hackhausen. An dem kunstvoll verzierten schmiedeeisernen Tor und an dem Schlossweiher vorüber führt eine zweite Anfahrt zur Gärtnerei, von der aus man die Anlage besser überblicken kann als von der Haupteinfahrt. Das prächtige Gittertor wird von zwei kunstvollen Löwen bewacht, die das Wappen der Herren von Bottlenberg, genannt Kessel, halten. Dieses Adelsgeschlecht, das am Bergischen Hof eine bedeutende Rolle spielte, war seit 1507 im Besitz der Schlossanlage.

Im Jahre 1818 erwarben die Freiherren von dem Busch-Ippenburg das Schloss. 1887 wurde Hackhausen von einem Brand heimgesucht.

Unsere Tipps

- Schloss Hackhausen kann lediglich von außen besichtigt werden.
- Ebenfalls öffentlich nicht zugänglich ist Schloss Caspersbroich im Tal der Itter zwischen Ohligs und Haan. Die romantische Anlage hat ihren Ursprung im 15. Jahrhundert. Der von Befestigungsanlagen und Ecktürmen umgebene Herrensitz verrät mit seinem schönen Fachwerk und dem schmiedeeisernen Haupttor bergische Bautradition.
- Inmitten des Naturschutzgebietes Ohligser Heide befindet sich das attraktive Freibad Heide. Als 1996 das Bad geschlossen werden sollte, setzten die Solinger mit Hilfe eines Bürgerbegehrens die Erhaltung des Freibades durch. Anschrift: Freibad Heide, 42697 Solingen, Tel. (02 12) 7 63 12.
- Sehenswert ist der Vogelpark mit Streichelzoo im Stadtteil Ohligs. Das Vogelfreigehege, Hermann-Löns-Weg 71, 42697 Solingen, ist ganzjährig geöffnet von 9.00 – 17.00 Uhr, im Sommer bis 18.00 Uhr sowie an Sonn- und Feiertagen bis 19.00 Uhr.

Hackhausen 1, 42697 Solingen

🚌 Ab Köln Hbf. bzw. ab Hamm über Dortmund, Hagen, Wuppertal Hbf. mit der Deutschen Bahn bis Solingen-Ohligs. Weiter ab Solingen-Ohligs mit Bus 791 der Stadtwerke Solingen bis Hackhausen.
Mit dem Auto: Von Oberhausen bzw. Köln über die A 3 bis Ausfahrt Solingen-Langenfeld.

🚲 Informationen über Radwege speziell durch die Ohligser Heide informiert der Allgemeine Deutsche Fahrradclub, Geschäftsstelle Solingen, Friedrich-Ebert-Straße 120, 42719 Solingen, Tel. (02 12) 31 21 66.

👫 Die landschaftlich reizvolle Umgebung mit der Ohligser Heide bietet Gelegenheit zu ausgedehnten Spaziergängen. Mittelpunkt ist das Café-Restaurant Engelsberger Hof mit gepflegten Außenanlagen.

✗ Café-Restaurant Engelsberger Hof, Langhansstraße 10, 42697 Solingen, Tel. (02 12) 7 75 00. Ruhetag: Montags, Di – So 12 – 22 Uhr.

🛏 Seidler Parkhotel, Hackhauser Straße 62, 42697 Solingen, Tel. (02 12) 7 60 41, Fax (02 12) 7 46 62.

Wissenswertes

Schlossherr ist der Stadtarchivar

Als eine „Immobilie mit wechselnden Besitzern" apostrophiert die Stadt Velbert in ihrem historischen Führer das alte Schloss Hardenberg im Stadtteil Neviges. Der stattliche Herrensitz, der wahrscheinlich Ende des 13. Jahrhunderts errichtet und 1354 erstmals urkundlich erwähnt wurde, hat in der Tat häufig seinen Besitzer gewechselt. Zunächst verkaufte Heinrich II. von Hardenberg die Anlage an Graf Gerhard I. von Berg. Insgesamt sieben Mal innerhalb von mehr als 100 Jahren wiederholte sich der Besitzerwechsel, ehe 1496 Bertram von Gevertzhain die Burg erwarb. Nach seinem Tod 1529 kamen Burg und Herrschaft in den Besitz der Familie Bernsau. Es folgte 1698 das verwandte Geschlecht derer von Wendt. 1939 wurde das Schloss von den Erben an die Stadt Neviges verkauft und ab 1965 mit der Vorburg restauriert. Sein heutiges Aussehen erhielt Schloss Hardenberg im 17. Jahrhundert. Die Reste der Wehranlagen bestehen aus vier mächtigen Rundtürmen und Verbindungsmauern bzw. Wällen.

Seit der Gebietsreform von 1975, die das bis dahin selbstständige Neviges zum Stadtteil von Velbert bestimmte, ist das Schloss eine kulturelle Begegnungsstätte. Schwerpunkte sind ein Museum mit Ausstellungsräumen für zeitgenössische Kunst, eine Sammlung mit Gemälden aus dem 19. Jahrhundert, eine stadthistorische Übersicht. In dem Schloss hat auch das Stadtarchiv seinen Sitz, so dass der Stadtarchivar als „moderner" Herr von Hardenberg heute die Funktion des Schlossherrn ausübt.

Unsere Tipps

- Die 300jährige Wallfahrt in Neviges, von den vielen polnischen Pilgern aus dem Ruhrgebiet seit Jahrzehnten „westfälisches Tschenstochau" genannt, sowie Wechselausstellungen mit stadthistorischen Themen bilden den Mittelpunkt der Velberter Stadtgeschichte im Schloss Hardenberg. Noch bekannter ist das Museum als Ausstellungshaus für zeitgenössische Kunst. Der Rittersaal dient als gesellschaftlicher Treffpunkt für Konzerte und Kulturveranstaltungen, aber auch für Tagungen und Konferenzen. Im Rittersaal befindet sich auch eine Gemäldesammlung mit wichtigen Werken der sogenannten Düsseldorfer Schule des 19. Jahrhunderts. Das Museum Schloss Hardenberg, 42553 Velbert-Neviges, Tel. (0 20 53) 91 22 12, ist dienstags bis sonntags 10.00 – 12.00 Uhr und 14.00 – 18.00 Uhr geöffnet.

- Das Wahrzeichen von Neviges ist der „Wallfahrtsdom", das 1968 von Prof. Gottfried Böhm in moderner Betonarchitektur errichtete große Gotteshaus.

Zum Hardenberger Schloss 4, 42553 Velbert-Neviges

Ab Haltern über Gelsenkirchen-Buer Nord, Gladbeck West, Bottrop Hbf., Essen Hbf. und Langenberg in Richtung Wuppertal-Oberbarmen oder umgekehrt mit der Deutschen Bahn bis Neviges.

Ab Wuppertal-Barmen, Alter Markt mit Bus 627 der Wuppertaler Stadtwerke bis Neviges Markt.

Ab Wuppertal-Elberfeld bzw. Hattingen-Mitte mit Bus 647 der Wuppertaler Stadtwerke bis Schloss Hardenberg.

Mit dem Auto: Über die A 46 von Düsseldorf bzw. Dortmund bis Ausfahrt Katernberg. Weiter durch die Nevigeser Straße bis Neviges oder über die A 46 weiter bis zum Sonnborner Kreuz. Weiter über die B 224 bis Ausfahrt Velbert-Tönisheide/-Neviges. Beschilderung Neviges folgen.

✗ Café-Restaurant Paaß, Klosterstr. 4, 42553 Velbert-Neviges, Tel. (0 20 53) 22 11, Ruhetag: Freitags, Sa – Do 9 – 18 Uhr.

🛏 Queens Parkhotel Velbert, Günter-Weisenborn-Str. 7, 42549 Velbert, Tel. (0 20 51) 4 92-0, Fax (0 20 51) 4 92-175.

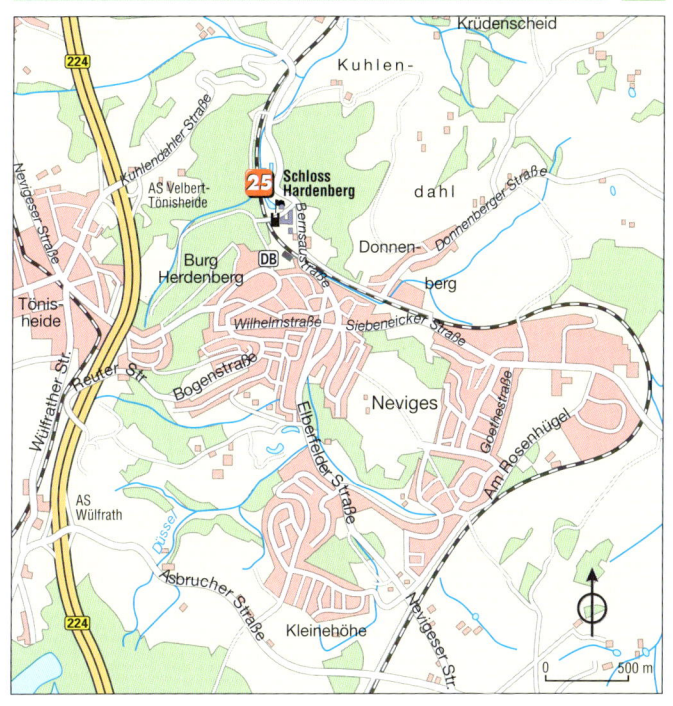

St. Nikolaus in Wipperfürth

Von weitem grüßen die Türme der ehemaligen Franziskanerkirche und der Basilika St. Nikolaus die Besucher der freundlichen Stadt Wipperfürth. Letzteres Gotteshaus aus der zweiten Hälfte des 12. Jahrhunderts ist noch älter als Wipperfürth, das 1217 die Stadtrechte erhielt. Einst führte in unmittelbarer Nähe der romanischen Kirche eine stark frequentierte Furt durch die Wipper/Wupper. Die Möglichkeit, den Fluss zu Fuß oder mit Pferd und Wagen an dieser Stelle gefahrlos zu durchqueren, machte den Ort schon früh zu einem bedeutenden Handels- und Umschlagplatz.

Zu den Sehenswürdigkeiten des Gotteshauses im Zentrum der ältesten bergischen Stadt gehören der Taufstein aus dem 13. Jahrhundert und ein vergoldeter Silberkelch, 1360 in Paris gefertigt. Der Westturm, in den Untergeschossen aus Bruchsteinen, stammt aus der zweiten Hälfte des 12. Jahrhunderts. Die Obergeschosse des Turms wurden erst von 1868 bis 1875 angebaut. In den Jahren 1848/49 wurde der Turm, der nach einem Brand 1795 mit einem Pyramidendach versehen worden war, mit dem heutigen Dach ausgestattet. Der Sakristeineubau auf der Nordseite wurde erst 1961 errichtet.

Im Inneren der Kirche befinden sich neben dem bereits erwähnten Taufstein einige Holzskulpturen aus der Zeit zwischen 1300 und 1800. Im südlichen Seitenschiff steht der frühere Hochaltaraufsatz aus Kalkstein aus der ersten Hälfte des 17. Jahrhunderts.

Unsere Tipps

- Die Pfarrkirche St. Nikolaus ist durchweg an Wochenenden geöffnet. Über Gottesdienste und Besichtigungszeiten informiert das Pfarrbüro der Kath. Kirchengemeinde, Kirchplatz 1, 51688 Wipperfürth, Tel. (0 22 67) 43 02.

- Der Kern der ältesten bergischen Stadt bietet trotz mehrerer Brandkatastrophen im Laufe der Jahrhunderte ein reizvoll geschlossenes Bild – mit großem Marktplatz, an dem das älteste Haus von 1669 steht.

- Eine besondere Attraktion sind Rundflüge vom Flugplatz im Ortsteil Neye aus. Die Flugplatzgesellschaft Wipperfürth mbH, Beverstraße, 51688 Wipperfürth, Tel. (0 22 67) 18 86 organisiert Flüge mit Segel- und Motorflugzeugen.

- Mehrere Landwirte laden zu Ferien auf dem Bauernhof ein. Wer einmal probeweise Landluft schnuppern möchte, sollte sich an das Verkehrsamt im Rathaus, Marktplatz 1, 51668 Wipperfürth, Tel. (0 22 67) 6 43 36, Fax (0 22 67) 6 43 11, wenden.

Kirchplatz, 51688 Wipperfürth

Ab Köln Hbf. mit der Deutschen Bahn bis Gummersbach. Mit Bus 336 der Oberbergischen Verkehrsgesellschaft in Richtung Remscheid-Lennep bis Wipperfürth.

Ab Solingen-Ohligs mit der Deutschen Bahn über Remscheid Hbf. bzw. ab Wuppertal Hbf. bis Remscheid-Lennep. Mit Bus 336 der OVAG in Richtung Remscheid-Lennep bis Wipperfürth.

Mit dem Auto: Über die A 4 von Köln in Richtung Olpe bis Ausfahrt Wiehl/Gummersbach oder über die A 45 Sauerlandlinie Dortmund – Frankfurt bis Ausfahrt Meinerzhagen oder über die A 1 von Dortmund bzw. Köln bis Ausfahrt Schloss Burg/Wermelskirchen. Weiter bis Wipperfürth.

Bis 200 Kilometer Wanderwege sind gekennzeichnet.

Christian's Restaurant, Marktstraße 8, 51688 Wipperfürth, Tel. (0 22 67) 8 26 66. Ruhetag: Montags, Di – So 12 – 14 Uhr und 18 – 24 Uhr.

Hotel-Restaurant Klosterhof, Westfalenstraße 7, 51688 Wipperfürth, Tel. (0 22 67) 49 37, Fax (0 22 67) 36 44.

Wissenswertes

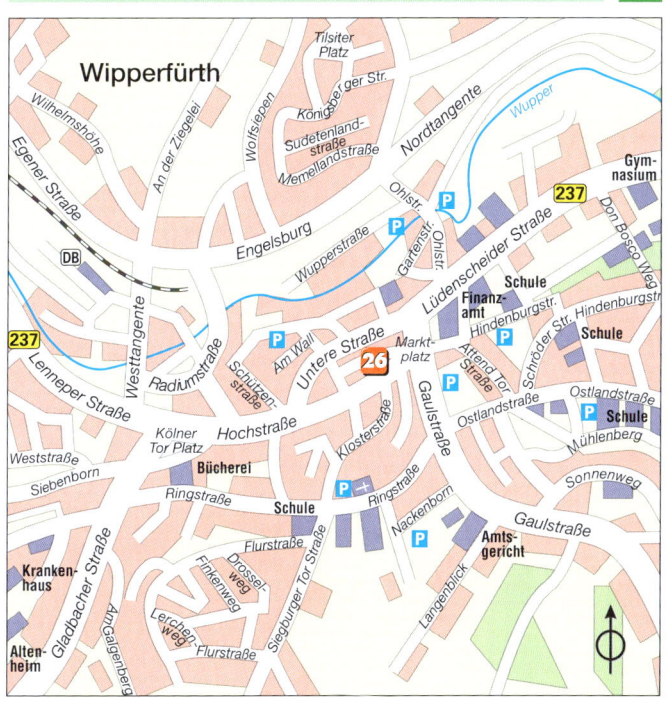

Zu Gast bei den Herren von Düssel

In Kriegszeiten, aber auch bei Feuer, konnte ein ausgetrockneter Graben für die Bewohner einer Wasserburg den Untergang bedeuten. Ohne Wasser war ein Burggraben leicht zu überwinden und die Bewohner mussten sich auf Gedeih und Verderb den Belagerern ergeben. Ohne Wasser konnte aber auch ein plötzlich ausbrechendes Feuer nicht rechtzeitig gelöscht werden. Die Wasserburg Düssel war in ihrer langen Geschichte nie das erklärte Ziel plündernder und mordender Ritter oder Landsknechte. Aber als 1570 das ganze Dorf Düssel Opfer einer Feuerbrunst wurde, überlebte die Burg dank ihres Wassergrabens, der ein Übergreifen der Flammen verhinderte.

Der Wassergraben, der die Burganlage umschließt, ist ein Rest der mittelalterlichen Wehranlagen. Die bis heute erhaltene Vorburg mit den Stallungen stammt von 1786. Das Herrenhaus ist im Zweiten Weltkrieg zerstört worden. Eine zur Burg gehörende Mühle brannte schon 1902 ab.

Im 12. Jahrhundert hatte Hermann von Schöller von zwei Kölner Stiftsherren des Stiftes St. Gereon den Hof zu Düssel erhalten. Aus diesem Ober- bzw. Fronhof entwickelte sich der Rittersitz Düssel, dessen älteste nachweisbare Besitzer die Herren von Düssel waren, dessen stolzes Geschlecht sich bis etwa 1500 zurückverfolgen lässt.

Im Laufe der Jahrhunderte entbrannte ein heftiger Machtkampf um die Herrschaft der Wasserburg, die seit 1972 ein rustikales Restaurant ist.

Unsere Tipps

- Die Wasserburg kann von außen jederzeit besichtigt werden. Das Restaurant im Haus Düssel ist ebenso zugänglich wie der Innenhof.

- Gegenüber von Haus Düssel die dem hl. Maximin geweihte katholische Pfarrkirche. Der romanisierte Bau entstand nach Abbruch der Vorgängerkirche des frühen 12. Jahrhunderts in den Jahren 1888/89. In Sichtweite auf einer Anhöhe die evangelische Kirche von 1873/76 mit 500 Sitzplätzen. Im Dorfkern einige alte Häuser, darunter das verschindelte „Küsterhaus" von 1653.

- Sehenswert im nur wenige Kilometer nördlich gelegenen Wülfrath der idyllische Kirchplatz, dessen Bild sich seit gut 300 Jahren kaum verändert hat, mit der Evangelischen Pfarrkirche. Die dreischiffige Anlage entstammt verschiedenen Bauperioden. Vom Gründungsbau, einer romanischen Basilika des 11. Jahrhunderts, ist noch der mächtige Westturm vorhanden.

Dorfstraße 7, 42489 Wülfrath

Ab Haltern über Gelsenkirchen-Buer Nord, Gladbeck West, Bottrop Hbf., Essen Hbf. und Langenberg in Richtung Wuppertal-Oberbarmen und umgekehrt mit der Deutschen Bahn bis Wuppertal-Vohwinkel.

Ab Wuppertal-Vohwinkel Bf. mit Bus 641 der Wuppertaler Stadtwerke/BVR bis Wülfrath-Düssel.

Mit dem Auto: Über die A 46 von Düsseldorf bzw. Dortmund bis zum Sonnborner Kreuz. Weiter über die B 224 in Richtung Essen bis Ausfahrt Wülfrath.

Eine herrliche Strecke ist die Tour R 1 der Wuppertaler Radwanderwege von Düssel über Schöller, Lüntenbeck bis Birkenhöhe in Wuppertal-Elberfeld.

Empfehlenswert eine Wanderung von Düssel bis zum Aprather Teich mit den Resten von Schloss Aprath.

Wasserburg Haus Düssel, Dorfstraße 7, 42489 Wülfrath-Düssel, Tel. (0 20 58) 89 69 99. Ruhetag: Montags, Di – So 11 – 24 Uhr.

Hotel Bovensiepen, Goethestraße 43, 42489 Wülfrath, Tel. (0 20 58) 54 01, Fax (0 20 58) 7 42 92.

Wissenswertes

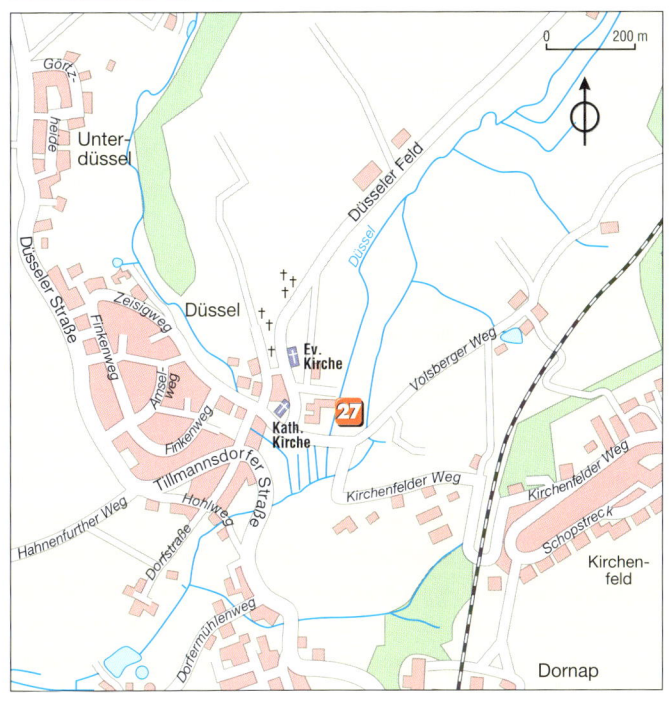

Klosterkirche der Kreuzherren

Wie Solingen-Gräfrath, so wird auch das Bild des alten bergischen Ortes Beyenburg von einer früheren Klosterkirche geprägt. Auf einer Anhöhe oberhalb des seit 1929 zu Wuppertal gehörenden Städtchens, um das sich in einer großen Schleife die Wupper schlängelt, erhebt sich das schlanke Gotteshaus mit steilem Satteldoch und einem zierlichen Dachreiter.

Die heutige Pfarrkirche St. Maria Magdalena ist die Klosterkirche der Kreuzherren, die um 1296 von Graf Adolf V. nach Beyenburg berufen wurden. Die Mönche kamen aus der Gegend von Lüttich, wo der Adelige Theodor von Gelles den Orden der Kreuzherren (Kreuzbrüder) um 1200 ins Leben gerufen hatte.

Der einschiffige Kirchenbau aus Sandstein mit Kreuzrippengewölben wurde gegen Ende des 15. Jahrhunderts vollendet. Das spätgotische Gotteshaus verfügt über ein stattliches Doppelportal, das heute in der Regel geschlossen bleibt. Deshalb nur Zugang durch das Seitenportal am Klosterhof. An der Westfront ist ein vierteiliges Maßwerkfenster bemerkenswert. Die Beicht- und Taufkapelle auf der Nordseite besteht aus einem Teil des früheren Kreuzgangs.

Üppige Ausstattung um 1700 im Stil des Barocks. Im Mittelpunkt des Hochaltars von 1698 ein Ölgemälde der Kreuzigung aus der Schule von Rubens. In das reich geschnitzte kastenförmige Chorgestühl sind Reste eines zweireihigen spätgotischen Chorgestühls eingebaut. Reich verziert auch die Kanzel. Orgelbühne und Orgelprospekt stammen von 1694.

Unsere Tipps

- Die alte Klosterkirche ist während der Gottesdienste sowie an Samstag- und Sonntag-Nachmittagen geöffnet. Außerhalb dieser Zeiten bitte an das Pfarramt St. Maria Magdalena, Tel. (0202) 61 11 32 bzw. an das Kloster der Deutschen Kreuzherren, Tel. (0202) 61 25 43, wenden. Anschrift von Pfarramt und Kloster: Beyenburger Freiheit 49, 42399 Wuppertal.

- Von der Straße Beyenburger Freiheit vor dem Gotteshaus genießen wir den Blick auf den unteren Ortsteil mit seinen Schiefer- und Fachwerkhäusern, um den sich in einer großen Schleife die Wupper schlängelt – eingerahmt von Wiesen und bewaldeten Höhen.

- In Oberbarmen erreichen wir die östliche Endhaltestelle der Schwebebahn. Die von 1898 bis 1903 erbaute Hängebahn ist das Wahrzeichen der Stadt und zugleich das wichtigste Nahverkehrsmittel mit bis zu 70.000 Fahrgästen täglich. Die Streckenlänge der seit 1997 unter Denkmalschutz stehenden Einschienenbahn beträgt 13,3 km.

Beyenburger Freiheit 49, 42399 Wuppertal-Beyenburg

🚆 Ab Hagen Hbf. bzw. Düsseldorf Hbf. mit der S-Bahn 8 bis Wuppertal-Oberbarmen.
Ab Haltern mit der RB 9 der Deutschen Bahn über Marl, Gelsenkirchen-Buer Nord, Gladbeck, Bottrop Hbf., Essen Hbf., Wuppertal Hbf. bis Wuppertal-Oberbarmen.
Weiter ab Wuppertal-Oberbarmen mit Bus 616 der Wuppertaler Stadtwerke bzw. mit Bus 626 der Oberbergischen Verkehrsgesellschaft/BVR bis Beyenburg, Mitte.
Mit dem Auto: Ab Dortmund bzw. Köln über die A 1 bis Ausfahrt Wuppertal-Süd. Weiter über Remscheid-Lüttringhausen über die Landstraße nach Wuppertal-Beyenburg.

🚲 Radweg R 5 von Oberbarmen Richtung Beyenburg ist beschildert.

🚶 Gut markierte Wanderwege rund um Beyenburg.

🍴 Restaurant Haus Bilstein, Zum Bilstein 25, 42399 Wuppertal-Beyenburg, Tel. (02 02) 61 12 09. Ruhetag: Montags.

🛏 Hotel Mallach, Oehder Str. 71, 42289 Wuppertal, Tel. (02 02) 2 60 82 20, Fax (02 02) 2 60 82 50.

Wissenswertes

Schloss war Hof der Äbtissinnen

Schloss Lüntenbeck liegt in fast andächtiger Stille im Westen Wuppertals, am Rande des Stadtbezirks Vohwinkel. Nur in der stimmungsvollen Vorweihnachtszeit wird die Stille des abgeschiedenen Barockschlosses jäh unterbrochen. Jeweils am zweiten und dritten Adventswochenende ist der intime Schlosshof mit dem niveauvollen Weihnachtsmarkt das Ziel vieler tausend Besucher.

In einem Heberegister, das zwischen 1217 und 1231 angelegt worden sein muss, wird Lüntenbeck erstmals als Hof der Äbtissinnen von Gerresheim erwähnt. Der Name stammt von dem Bach Lüntenbecke, der bei Saurenhaus entspringt und in Sonnborn in die Wupper mündet.

Von der wasserumwehrten Anlage aus dem späten 17. Jahrhundert sind noch erhalten: das Herrenhaus, ein zweigeschossiger Bau, dessen hohes Walmdach mit zwei Zwiebelspitzen besetzt ist, und dem ein kräftiger quadratischer Eckturm mit laternenbekrönter Schweifhaube vortritt. Hinzu kommen die Wirtschaftsgebäude aus Bruchsteinen auf der Eingangsseite und das rundbogige Hoftor, ein zweigeschossiges Fachwerkhaus und der Mühlenturm im Garten aus dem 17. Jahrhundert.

Die romantische Schlossanlage, früher im Eigentum der Stadt Wuppertal, befindet sich heute im Privatbesitz.

- Der Schlosshof und andere Außenanlagen können besichtigt werden. Wer sich näher mit Lüntenbeck, die Geschichte und die heutige Nutzung befassen möchte, sollte sich mit der im Schloss ansässigen Firma Dinnebier-Licht GmbH, Tel. (0202) 2 74 33-0 in Verbindung setzen.

- Der Wuppertaler Zoo (Hubertusallee 30, 42117 Wuppertal) gehört zu den landschaftlich reizvollsten Tierparks Europas. Das 20 Hektar große Gelände mit altem Baumbestand, zahlreichen Tierhäusern und Freigehegen und einem Höhenunterschied bis zu 70 Metern beherbergt rund 4000 Tiere in über 500 Arten aus allen Erdteilen. In den modernen Tierhäusern kann der Besucher u. a. Menschenaffen, Affen, Bären, Raubkatzen, Elefanten, Vögel, Fische und Reptilien aus nächster Nähe beobachten. Unter fachkundiger Leitung finden in den Sommerferien regelmäßig Zooführungen statt. Ebenfalls während der Ferien lädt der Zoo dienstags ab 15.00 Uhr zu Kinderfesten auf dem Spielplatz ein. Der Zoo ist täglich 8.30 – 18.00 Uhr geöffnet – im Winter schließt er jedoch eine Stunde früher seine Pforte. Unter der Rufnummer (0202) 5 63 56 66 informiert der Zoo über Preise und Führungen.

🚌 Schloss Lüntenbeck, 42327 Wuppertal
Ab Hagen Hbf. bzw. Düsseldorf Hbf. mit der S-Bahn 8 bis
Wuppertal-Sonnborn bzw. Wuppertal Hbf.
Ab Haltern mit der RB 9 der Deutschen Bahn über Marl,
Gelsenkirchen-Buer Nord, Gladbeck, Bottrop Hbf., Essen Hbf.
bis Wuppertal-Sonnborn bzw. Wuppertal Hbf.
Weiter ab Wuppertal-Sonnborn mit Bus 629 der Wupper-
taler Stadtwerke bis Lüntenbeck. Fußweg durch die Siedlung
zum Schloss.
Weiter ab Wuppertal Hbf. mit Bus 601 und 611 der Wup-
pertaler Stadtwerke bis Schliepershäuschen. Fußweg Lün-
tenbecker Weg zum Schloss.
Mit dem Auto über die A 46 von Düsseldorf bzw. Dortmund
bis Ausfahrt Wuppertal-Varresbeck. Weiter über die B 7 in
Richtung Mettmann/Wülfrath bis Einfahrt Lüntenbecker Weg.

✕ Restaurant Akzent Waldhotel Eskesberg, Krummacher-
straße 251, 42115 Wuppertal, Tel. (02 02) 27 18-0. Tgl.
12 – 13.45 Uhr und 18 – 21.45 Uhr.

🛏 Novotel, Otto-Hausmann-Ring 203, 42115 Wuppertal, Tel.
(02 02) 7 19 00, Fax (02 02) 7 19 03 33.

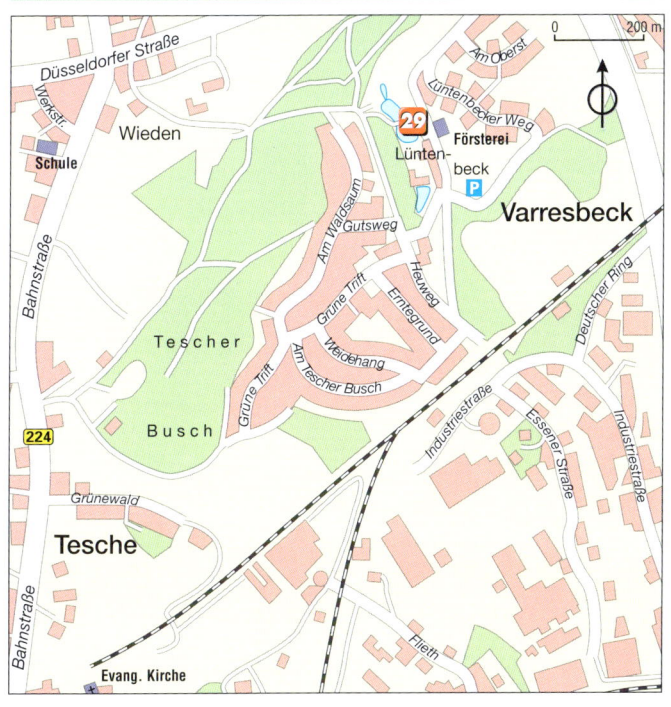

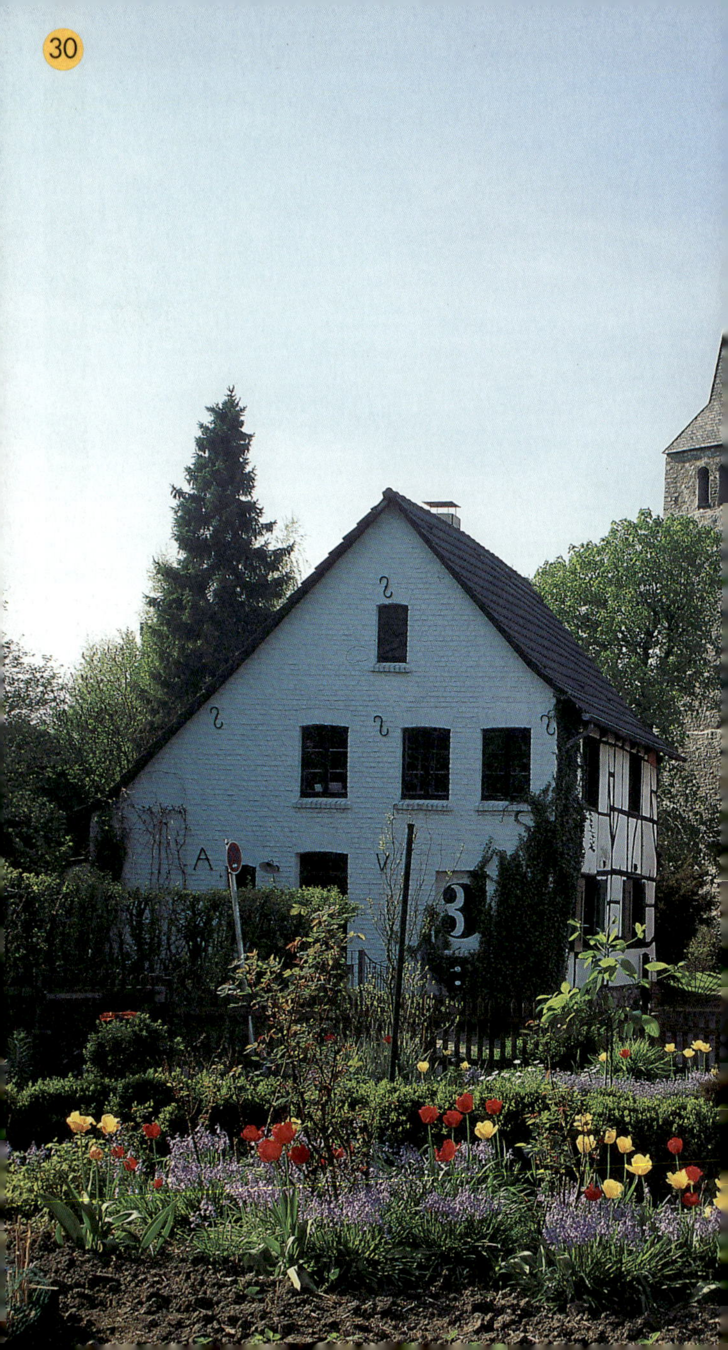
30
A
V
3

Von wo Goethe die Kirche erblickte

Wer heute die Bundesstraße zwischen Mettmann und Wuppertal passiert, blickt bei Schöllersheide über Wiesen und Felder auf das oberhalb der Düssel gelegene Dorf Schöller – wie anno 1774 ein junger Mann namens Goethe, der auf dem Rücken eines Pferdes diese landschaftlich reizvolle Kulisse genoss. Die Zeit scheint hier stehen geblieben zu sein. Denn Schöller wird wie zu Zeiten Goethes von dem markanten Kirchturm und dem wuchtigen Bergfried des Gutshofes beherrscht. Die kleine Dorfkirche, ein Saalbau mit hölzerner Deckentonne und ein flachgedeckter Chor aus dem 18. Jahrhundert, wird von dem stämmigen Westturm überragt. Der wehrhohe Turm stammt aus dem 12. Jahrhundert und gehörte zu einer romanischen Kirche, die dem späteren Gotteshaus weichen musste.

Das Kirchenschiff wurde mehrmals umgestaltet und dem reformierten Gottesdienst angepasst. Besonders sehenswert das Taufbecken aus dem 13. Jahrhundert. Auf dem von einer Bruchstein-Mauer umgebenen Kirchplatz sind noch einige zum Teil verwitterte Grabsteine aus dem 17. und 18. Jahrhundert vorhanden.

Da in Schöller schon 1530 noch zu Lebzeiten Luthers die Reformation eingeführt wurde, gilt der Ort als die älteste protestantische Kirchengemeinde des Bergischen Landes. Heute ist das 700-Seelen-Dorf, das zum Stadtbezirk Vohwinkel gehört, neben Ronsdorf und Cronenberg die dritte evangelisch-reformierte Gemeinde in Wuppertal.

Unsere Tipps

- Die kleine Dorfkirche ist tagsüber zum stillen Gebet und zur Besichtigung geöffnet. Sollte das Gotteshaus wider Erwarten verschlossen sein, so sollten sich Besucher an die Reformierte Gemeinde, Schöllerweg 8, 42327 Wuppertal, Tel. (0 20 58) 83 83, wenden.

- Das Bild des seit 1975 zu Wuppertal gehörenden Dorfes an der Düssel wird von dem markanten Kirchturm und dem benachbarten Wohnturm bzw. Bergfried des späten 12. Jahrhunderts bestimmt. Der Turm aus Sandstein ist Mittelpunkt des alten Rittergutes Schöller. Es war seit 1182 im Besitz der Familie von Schöller, nachdem das Geschlecht im 17. Jahrhundert ausgestorben war, ging das Gut an die Grafen von Schaesberg über. 1805 wurde in dem Turm der berüchtigte Räuberhauptmann Kob Hannes festgesetzt, der anschließend nach seiner Verurteilung zum Tode am Galgen starb.

Schöllerweg, 42327 Wuppertal

🚌 Ab Düsseldorf Hbf. bzw. Hagen Hbf. mit der S-Bahn 8 bis Wuppertal-Vohwinkel bzw. Wuppertal Hbf.

Ab Haltern mit der RB 9 der Deutschen Bahn über Marl, Gelsenkirchen-Buer Nord, Gladbeck, Bottrop Hbf., Essen Hbf. bis Wuppertal-Vohwinkel bzw. Wuppertal Hbf.

Weiter ab Wuppertal-Vohwinkel Bf. mit Bus 745 der Rheinischen Bahngesellschaft in Richtung Mettmann bis Hahnenfurth.

Ab Wuppertal Hbf. mit Bus SB 68 Busverkehr Rheinland in Richtung Mettmann bis Hahnenfurth.

Von Hahnenfurth Fußweg (1 km) bis Schöller.

Mit dem Auto über die A 46 von Düsseldorf bzw. Dortmund Ausfahrt Haan-Ost. Weiter über Haan-Gruiten über die Landstraße bis Schöller.

✕ Restaurant Haus Schöller, Schöllerweg 4, 42327 Wuppertal, Tel. (0 20 58) 89 76 60. Tgl. 12 – 23 Uhr.

🛏 Hotel Gut Drinhausen, Kleindrinhausen 2, 42327 Wuppertal, Tel. (0 21 04) 1 30 68, Fax (0 21 04) 1 62 34.

Wissenswertes

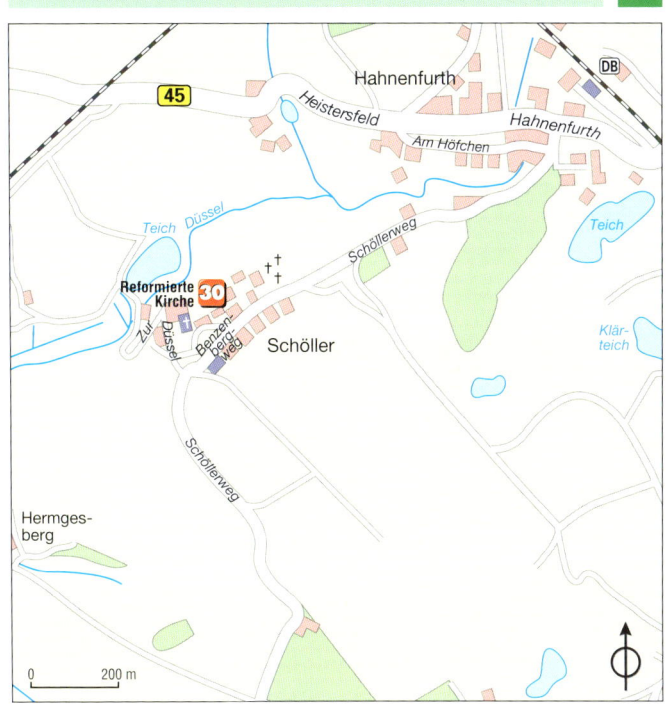

Von A bis Z